이상희 선생님이 들려주는
인류 이야기

어린이 과학 크로스 인문학
이상희 선생님이 들려주는 인류 이야기

초판 1쇄 펴낸날 2018년 4월 26일
초판 9쇄 펴낸날 2024년 11월 29일

글 이상희
그림 이해정
펴낸이 홍지연

편집 고영완 전희선 조어진 이수진 김신애
디자인 이정화 박태연 박해연 정든해
마케팅 강점원 최은 신예은 김가영 김동휘
경영지원 정상희 여주현

펴낸곳 ㈜우리학교
출판등록 제313-2009-26호(2009년 1월 5일)
제조국 대한민국
주소 04029 서울시 마포구 동교로12안길 8
전화 02-6012-6094
팩스 02-6012-6092
홈페이지 www.woorischool.co.kr
이메일 woorischool@naver.com

ⓒ이상희, 이해정, 2018
ISBN 979-11-87050-56-8 73470

- 책값은 뒤표지에 적혀 있습니다.
- 잘못된 책은 구입한 곳에서 바꾸어 드립니다.
- 본문에 포함된 사진 및 그림은 가능한 한 저작권과 출처 확인 과정을 거쳤습니다. 그 외 저작권에 관한 사항은 ㈜우리학교로 연락 주시기 바랍니다.
- KC 마크는 이 제품이 공통안전기준에 적합하였음을 의미합니다.

어린이 과학 크로스 인문학

이상희 선생님이 들려주는
인류 이야기

글 이상희 | 그림 이해정

우리학교

함께 신나는 시간 여행을 떠나 보아요

이 책을 손에 든 여러분 마음속엔 어떤 질문이 들어 있나요? 질문은 언제나 우리를 멋지고 근사한 곳으로 데려다주지요.

제가 앞으로 들려줄 '인류 이야기'는 '당신은 누구십니까?'라는 질문에서 출발합니다. 이 질문을 따라가다 보면 여러분은 '고인류학'이라는, 조금은 낯설지만 정말 재미있고 새로운 세계를 만나게 될 거예요.

여러분이 가지고 있는 오늘의 모습은 어떻게 해서 만들어졌을까요? 여러분의 오늘은 수많은 어제가 모여서 만들어졌습니다. 고인류학은 여러분의 오늘 속에 담겨 있는 수많은 어제와 만나는 공부예요.

여러분의 손을 살펴보세요. 오른손, 왼손에 각각 다섯 개씩 손가락이 있죠? 오른발, 왼발도 각각 다섯 개의 발가락을 가지고 있어요. 우리의 손과 발에 있는 다섯 개의 손발가락은 무려 3억 4천만 년 전, 개구리 같은 양서류도 생기기 전의 조상들에게서 물려받은 거랍니다.

다른 동물들의 손발가락이 몇 개인지 보세요. 말 발가락(발굽)은 하나이고 돼지 발가락(발굽)은 둘이에요. 개구리 손발가락은 다섯 개예요. 원숭이, 침팬지, 사람과 같은 영장류는 다섯 개의 손발가락을 가지고 있고요. 그 수가 참 다양하지요?

똑같이 다섯 개의 손발가락을 가지고 있지만 개구리는 엄지손가락을 빙빙 돌릴 수 없어요. 영장류는 빙빙 돌릴 수 있어요. 엄지손가락을 돌려서 나뭇가지를 잡고 나무를 타고 과일도 따먹을 수 있죠.

영장류는 손가락과 발가락이 서로 비슷하게 생겼지만 그중에 우리 사람들은 손과 발이 서로 다르게 생겼어요. 이건 무려 4~500만 년 전에 시작한 인류 조상에게서 물려받은 것이랍니다. 두 발로 걷느라 두 팔과 손바닥은 땅에 대지 않고 두 다리와 발바닥만 땅에 대고 움직이게 되었거든요. 그러면서 엄지발가락이 커졌고요.

그렇지만 여러분처럼 매일 양말을 신고 신발을 신어서 발바닥이 폭신폭신하게 된 것은 겨우 수백 년에 지나지 않아요. 그전까지는 많은 사람이 거의 맨발로 다녔어요. 지금도 세상 어딘가에 신발 없이 맨발로 뛰어다니는 여러분 나이 또래의 아이들도 있고요.

이렇게 발 하나에도 많은 이야기가 담겨 있답니다. 다섯 개가 꼬물거리는 손발가락에는 수억 년 전에 탄생한 물 동물들의 이야기가, 엄지손가락과 엄지발가락에는 수백만 년 전에 탄생한 사람의 이야기가 담겨 있죠.

우리는 고인류학을 통해 머리끝에서 발끝까지 오늘을 살아가는 우리 몸을 들여다보면서 먼 옛날 우리의 조상들을 만날 수 있어요. 타임머신이 없어도 얼마든지 가능한 신기하고 놀라운 시간 여행이지요. 그럼 이제부터 함께 시간 여행을 떠나 볼까요?

2018년 봄

이상희

1 인류의 기원을 찾아 떠나는 여행 ··· 11
당신은 누구십니까? | 이 그림은 틀렸어요! | 나와 너, 우리 모두의 이야기

2 우리만 특별한 건 아냐 ··· 23
V라인을 찾아라 | 반 토막 난 인류의 역사 | 특별한 시간 여행

3 최초의 인간은 누구일까 ··· 35
'다윈'이라는 이름 들어 봤죠? | 뭐니 뭐니 해도 인간이라면 큰 머리 | 화석 사냥꾼의 사기극 | 루시, 다이아몬드와 함께 저 하늘에 | 최초의 인류를 찾는 기준이 바뀌다

4 발끝에서 시작된 인간다움 ··· 55
지금 일어나 걸어 보세요 | 우리 모두는 발레리나, 발레리노 | 인간다운, 너무나 인간다운 엄지발가락 | 에너지 낭비를 막아라

5 큰 대가를 치르고 얻은 소중한 인류의 모습 ···69
사람이 되는 일은 쉽지 않네 | 두 발 걷기가 준 진정한 선물 | 사바나의 작고 연약한 동물 | 커다랗고 빨간 물음표 | 여행은 계속된다

6 새로운 인류의 등장 ···81
원시인의 식사 | 뼈 깨는 돌이 사냥꾼의 돌이 되기까지 | 인간이 털 없는 피부와 바꾼 것 | 긴 다리 사냥꾼을 조심하세요! | 검은 피부는 천연 자외선 차단제 | 시간을 견딘 인간만이 손에 넣는 것

7 우리 호모 사피엔스와 친척 인류들 ···99
아프리카 탈출 | 루저 화석의 발견? | 현대 인류 호모 사피엔스가 등장하다 | 어떻게 너와 내가 같을 수 있겠니? | 현대 인류는 아프리카에서 홀로 기원했을까? | 내가 틀렸어! | 뼈가 들려준 이야기

8 선택과 우연의 갈림길에서 ···115
진화의 비밀이 조금 풀렸나요? | 물줄기가 흐르듯 헤어지고 만나는 인류 | 정답은 없다. 선택과 모험이 있을 뿐!

1
인류의 기원을 찾아 떠나는 여행

당신은 누구십니까?

여러분은 누구죠? 이름은 뭐고, 나이는 몇 살이고, 여자 혹은 남자이고, 강아지 쫑이의 주인이라고 대답할 수 있을 거예요. 여러분은 강아지 쫑이랑 어떻게 다르지요? 쫑이는 강아지고 여러분은 사람, 인간이죠.

여러분은 왜 인간인가요? 당연한 걸 갑자기 물어보니 어떻게 대답해야 할지 막막할 수도 있겠네요. 어렵게 생각하지 말고, 옆에서 꼬리를 살랑살랑 흔들고 있는 쫑이를 보세요. 쫑이는 털이 북슬북슬하고 네 발로 뛰고 왈왈거리는 강아지예요.

여러분이나 저는 인간이에요. 자세히 보면 인간은 재미나게 생겼답니다. 거울을 한번 보세요. 머리와 몸통, 팔과 다리가 있고 두 발로 똑바로 서 있네요. 몸에는 머리카락 말곤 눈에 띄는 털이 없고, 꼬리도 없어요.

인간은 언제부터 이런 모습이었을까요? 이

세상에 처음 등장했던 순간부터 이런 모습이었을까요?

저는 인간이 어떻게 해서 이런 모습으로 이 땅 위에서 살아가고 있는지 탐구하는 고인류학자입니다. 인류학은 인류가 무엇이고, 어떤 모습으로 살고 있고, 앞으로 어떤 모습이 될지 공부하는 학문이에요. 고인류학은 옛 고(古) 자를 써서 옛날 인류를 탐구하는 학문이지요. 인류의 조상을 찾아 위로 위로 올라가지요.

어디까지 올라갈까요? 조상의 조상을 찾아서 계속 올라가면 아메바까지 올라가 버리니 어딘가에서 끊어야겠죠? 아메바를 인류라고 부를 수는 없으니까요. 그래서 가장 가까운 동물인 침팬지와 인류가 갈라졌던 곳까지 올라가 본답니다.

아메바

몸 전체가 한 개의 세포로 되어 있는 아주아주 작은 단세포 생물이에요. 모양이 정해져 있지 않아 들쭉날쭉하게 생겼는데, 이리저리 몸을 움직이며 이동해요. 수십억 년 전 지구에 처음 등장한 생명체들은 모두 아메바처럼 작고 단순했어요.

인류는 침팬지와 언제 갈라졌고 갈라진 다음에는 어떻게 해서 지금과 같은 모습으로 변해 왔을까요? 지금부터 그 이야기를 들려주려 해요. 최초의 인류는 누구이고 언제 어떤 모습으로 나타났는지를 말이에요.

이 그림은 틀렸어요!

이야기를 시작하기 전에 여러분에게 먼저 보여 줄 그림이 하나 있어요. 인류의 기원을 이야기할 때면 등장하는 그림이죠. 여러분도 많이 봤을 거예요. 바로 아래 그림이에요.

그림을 잘 보세요. 인간이 처음엔 침팬지처럼 생겨서 네 발로 걷죠? 그러다가 엉거주춤하게 일어서요. 목은 계속 앞으로 쭉 내밀고 있어요. 계속 그러다가 점점 허리도 펴고 어깨도 펴고 피부색도 옅어지고 머리 색깔도 옅어진 현대인이 제일 앞에 있어요. 짠! 하고 나타난 인간의 마지막 모습, 최고의 모습은 백인 남자네요.

이 그림은 틀렸어요. 인간은 이 그림처럼 처음엔 구부정하게 걷다가 점점 덜 구부정하게 걷게 된 게 아니에요. 처음부터 똑바로 걸었어요. 이렇게 구부정한 자세로 어떻게 수십만 년, 수백만 년 동안 살아남을 수 있었겠어요? 이런 어정쩡한 자세로는 도망도 제대로 못 가고 잡아먹힐 거예요.

그림에서는 현대인이 가장 커요. 그렇지만 인류의 역사를 보면 현대인

15

이 가장 큰 몸집을 가지고 있지 않아요. 농사를 짓기 시작한 1만 년 전부터 인간의 몸집은 작아졌어요. 농사짓기 이전의 옛날 사람이 현대인보다 더 컸답니다.

그리고 현대의 인간 중에는 흰 피부도 있지만 짙은 색깔의 피부를 가진 사람들이 훨씬 더 많아요. 이 세상 사람들을 모두 모아 놓고 본다면 다양한 피부색과 다양한 몸집과 다양한 생김새를 가지고 있다는 것을 알 수 있을 거예요.

그뿐만이 아니죠. 인간들 중에는 남자도 있고 여자도 있고 어른도 있고 아이도 있어요. 그런데 이런 그림 속에는 대부분 남자만 등장해요. 이렇게 다양한 인간들 중에서 대표로 딱 뽑은 것이 백인 남자인 거예요. 마치 신체 건강한 흰색 피부를 가지고 백인 남자가 되는 게 진화의 목표인 것처럼 그려져 있지만 땅속에서 나온 화석이 이렇게 생기지는 않았어요.

왜 이렇게 그리는 걸까요? 원시인은 미개하고 열등하다고 믿는 우리들의 편견이 만들어 낸 그림이에요.

나와 너, 우리 모두의 이야기

인류의 기원에 대한 이 그림은 틀렸지만 흔해요. 그리고 한 번 보면 머릿속에 자리 잡게 되고, 그렇게 굳어진 생각은 고치기 힘들어요.

철학자 소크라테스는 "너 자신을 알라!"라고 말했대요. 우리는 우리 자신을 알아야 해요. 인류의 기원에 대한 이야기는 우리 모두에 관한 이야기예요.

우리는 초기 인류가 살던 숲이나 동굴과는 비교할 수 없이 발전한 문명사회에 살고 있지만 우리의 몸과 마음은 먼 옛날 우리 조상들의 몸과 마음이랑 닮은 점이 많아요. 심리학자들은 인간을 '양복을 입은 원시인', '스마트폰을 든 원시인'으로 부르기도 해요. 의사들은 '원시인처럼 몸을 움직여야 건강해.', '원시인처럼 먹어야 살이 빠져.'라는 말도 하지요.

> **소크라테스**
> ?-B.C.399
>
> 소크라테스는 고대 그리스의 철학자예요. 사람들에게 질문을 던지며 지혜로운 삶, 행복한 삶, 올바른 삶이란 무엇일까 탐구했어요. "내가 확실히 아는 건 내가 아무것도 모른다는 사실뿐이야!"라는 결론을 내리고 "너도 네가 모른다는 걸 빨리 깨닫도록 해. 그래야 정말 제대로 알고 싶어져."라고 말했어요.

원시인에 대한 편견을 지우고 제가 들려주는 이야기에 귀를 기울여 보세요. 수백만 년, 수십만 년 전에 우리 조상들이 어떤 모습으로 어떻게 살

았는지 알게 된다면, 우리가 누구이고 왜 이런 모습으로 살아가고 있는지 좀 더 잘 알게 될 거예요. 자, 이제 인류의 기원을 좇아 머나먼 시간 여행을 떠나 볼까요?

고인류학자는 어떻게 옛날 인류를 탐구하나요?

화석은 옛날에 살았던 생물의 죽은 몸이나 흔적이 돌처럼 변한 거예요. 화석이 어디에 있는지 알아내기는 굉장히 어려워요. 지구의 비밀과 생명의 기원을 알려 주는 보물찾기가 쉽지는 않겠죠?

화석은 옛날에 어떤 생물이 살았고 그때 환경이 어땠는지 알려 주는 타임머신이죠. 이 동굴은 호빗이라는 별명으로 불리는 난쟁이 인류 화석이 발견된 곳이랍니다. 인도네시아의 플로레스섬인데 2000년대에 들어와서야 기다리던 인류 화석이 발견되었어요.

화석이 만들어지려면 생물의 죽은 몸뚱이나 흔적에 진흙 같은 퇴적물이 순식간에 덮여, 오랫동안 압력을 받아야 해요. 과학자들은 화석에 남아 있는 '방사성 동위원소'의 비율로 화석의 나이를 계산해요. 화석으로 동물의 원래 모습은 물론 먹이, 습관, 질병도 알아낼 수 있고 동물이 살던 때의 날씨와 기후도 짐작할 수 있어요.

고인류학자는 옛날 인류의 화석을 끈기 있게 발굴하고 무척 소중히 다뤄요. 화석을 손상하지 않고 발굴하는 데 몇십 년이 걸리기도 하지요. 요즘에는 3D프린터로 원본을 훼손하지 않고 모조 화석을 만들어 연구하기도 해요.

2

우리만 특별한 건 아냐

V라인을 찾아라

인류는 언제 어디에서 시작했을까요? 50년 전까지만 해도 사람들은 인류가 천만 년 전에 등장했다고 생각했어요. 천만 년 전에 살던 유인원 화석이 많이 발굴되면서 가장 인류의 조상답게 보이는 화석을 찾아냈는데, 그게 프로콘술이었죠.

프로콘술은 네 발로 걸었는데 그건 별로 중요하지 않았어요. 왜냐면 사람들은 인류가 처음에 네 발로 걸었다고 생각했거든요. 프로콘술이 관심을 받은 이유는 옆얼굴 때문이었어요. 인류의 조상을 상상할 때 얄쌍한 옆얼굴은 중요했어요. 현대인과 비슷한 작은 턱과 작은 이빨을 가지고 있는 V자형 얼굴이 인류의 조상일 것이라고 생각했기 때문이에요.

프로콘술의 두개골 화석은 이마가 위로 곧서고, 눈썹 뼈는 부드러웠어요. 인간은 유인원보다 두뇌가 크잖아요? 큰 두뇌를 가지려면 두개골이 커야 하는데 그러려면 큰 두개골과 곧게 선 이마가 필수예요. 八 모양보다

ㄈ 모양이 더 큰 두뇌를 담을 수 있으니까요.

 말하자면 이마가 훤칠해야 사람다운 얼굴인 거예요. 이마가 비스듬하게 누울수록 유인원에 가까울 테고요. 원숭이나 침팬지의 옆모습을 떠올려 보면 알 수 있지요.

 그런데 인류의 조상이 천만 년 전에 살았던 프로콘술이라는 생각을 송두리째 바꿔 놓는 큰 사건이 일어나요. 인류의 시작은 천만 년 전이 아니라 500만 년 전이라는 사실이 밝혀진 거예요. 이건 정말 굉장한 사건이에요. 인류의 역사가 절반으로 줄었으니까요.

반 토막 난 인류의 역사

인류의 기원이 아득하게 오래된 천만 년 역사에서 500만 년으로 짧아진 것도 놀랍지만, 더 놀라운 건 이 발견이 생물학 실험실에서 이뤄졌다는 사실이에요.

이렇게 중요한 발견이 화석을 발굴하는 현장이 아니라 생물학 실험실에서 이뤄졌다니 신기하죠? 고인류학은 화석을 연구하는 학문이에요. 인류의 조상을 연구하려면 그들이 남긴 흔적을 찾아야 해요. 옛날에는 누군가의 뼈였지만 지금은 돌이 된 머리뼈, 턱뼈, 치아, 손가락뼈이며 다리뼈 화

석은 가장 소중한 자료예요. 그래서 이 화석을 발굴하고 연구하는 게 매우 중요해요.

그런데 과학자들이 발굴 현장이 아니라 실험실에서 인류의 기원을 밝혀 낸 거예요. 더욱 놀라운 건 옛날 피를 찾아내서 연구한 게 아니라 지금 살아 있는 다양한 생명체들의 피를 연구했다는 사실이에요.

어떻게 현재에서 과거의 비밀을 밝혀냈을까요? 피를 시험관에 넣어 두고 시간이 좀 지나면 암갈색 덩어리와 투명한 액체로 분리되는데, 이 투명한 액체가 혈청이에요. 과학자들은 혈청을 연구해서 인류, 고릴라, 침팬지

가 겉보기보다 유전적으로 서로 무척 닮았다는 사실을 알아냈어요. 닮았다는 뜻은 서로 가깝다는 뜻이고요, 서로 가깝다는 것은 최근까지도 공동 조상에서 갈라지지 않았다는 뜻이에요. 인류가 아주 오래전에 갈라져 나온 것이 아니라는 뜻이죠.

지금 살아 있는 고릴라, 침팬지, 인간의 피로 먼 옛날 몇 백만 년 전 인류의 기원을 밝혀내다니! 이건 정말 완전히 새로운 생각이었어요. 이 놀라운 생각은 야무진 씨앗이 되어 생명과학의 발달과 함께 큰 열매를 맺어요. DNA와 유전자를 다루는 기술이 빠르게 발전하면서 인류의 진화를 밝히는 데 큰 도움을 주게 됐거든요.

유전자는 우리 부모의 부모의 부모의 부모……, 그러니까 결국 인류의 조상이 우리에게 대를 거듭해 물려준 거죠. 그래서 지금 우리 유전자를 연구하면 먼 옛날 인류의 조상에 대해 많은 것을 되짚어 따져볼 수 있어요. 이제 실험실에서 얼마든지 시간 여행이 가능하게 된 거죠.

혈청
피에서 적혈구나 백혈구 같은 세포들을 제거하면 연한 노란색 액체인 혈장이 남아요. 여기서 다시 피브리노젠이라는 단백질을 제거한 게 혈청이에요. 혈청 속에는 몸속에 들어온 낯선 물질이나 세균, 바이러스와 싸우는 항체가 들어 있어요.

DNA와 유전자
DNA는 우리 몸의 세포 속에 들어 있는 유전물질이에요. 유전물질은 부모의 특징을 자식에게 물려주는 능력을 가진 물질을 말해요. 이 DNA로 만든 수많은 유전 정보들을 유전자라고 해요. 유전자는 이 정보로 우리 몸을 이루는 단백질을 만들어 내죠.

특별한 시간 여행

"인류의 기원이 천만 년이다!"라고 말하면 왠지 우리 인간이 아주 오래된 역사를 갖고 있는 것 같죠? '아주 아주 오래전에 침팬지와 다른 길을 걷기 시작해서 독자적으로 멋지게 걸어왔구나.' 하고요. 그러다가 갑자기 침팬지랑 갈라진 지 500만 년밖에 안 됐다고 하면 어떤 느낌이 드나요? '아, 우리 인류가 딱히 뭐 그렇게까지 특별한 건 아니구나.'라고 생각하게 되어요.

실제로 우리 인간은 오래된 역사와 전통을 자랑하는 유별난 존재가 아니랍니다. 질문 하나 해 볼게요. 여러분은 동생과 사촌 동생 중 누구랑 더 가까워요? 사촌 동생과 더 친할 수는 있지만, 족보를 따지면 동생과 더 가깝죠.

족보
한 집안의 혈통 관계를 말해요. 책으로 만들어 어떤 조상이 있는지 누구와 피를 나눴는지 따져 볼 수 있어요.

여러분과 동생은 같은 엄마 아빠에게 태어났어요. 당연히 할머니 할아버지도 같아요. 증조할머니와 고조할아버지도 같고요. 여러분은 동생과 똑같은 공동 조상을 가졌어요.

하지만 여러분과 사촌 동생은 서로 부모님이 달라요. 같은 조부모님을 두고 그다음 부모님 세대부터는 갈라졌어요. 조부모님부터 공동 조상이 같은 사촌 동생보다, 부모님부터 공동 조상이 같은 동생이 여러분과 더 가깝지요.

앞에서 인류와 가장 가까운 동물은 침팬지라고 했지요? 그건 인류가 침팬지와 마지막까지 공동 조상을 가졌다는 뜻이에요. 인류는 고릴라보다 침팬지와 더 가까워요. 인류와 침팬지의 공동 조상은 인류와 고릴라의 공동 조상에서 갈라져 나오고, 그다음에 인류와 침팬지로 갈라졌어요.

인류가 침팬지와의 공동 조상에서 갈라진 지점부터 현생 인류까지를 인류 계통이라고 부른답니다. 마찬가지로 공동 조상에서 갈라진 지점부터 현생 침팬지까지를 침팬지 계통이라고 부르지요.

알고 보면 우리는 침팬지, 고릴라와 생각했던 것보다 훨씬 가까운 친척인 셈이에요. 우리 인간이 털북숭이 유인원들과 친척이라니, 그것도 매우 가까운 친척이라니 기분이 이상한가요?

하지만 인간과 인간의 조상들은 오랫동안 자기들만 진화해 온 특별한 존재가 아니랍니다. 오히려 굉장히 짧은 시간에 친척 유인원들과 훌쩍 달라진 모습으로 진화했어요. 고인류학은 인간이 특별하지 않다는 걸 밝히기도 하지만 한편으로는 인간이 어떻게 특별한지 밝히기도 해요.

계통
공동 조상에서 진화해 내려온 겉모습과 특징이 같은 생물들의 집단을 말해요. 환경이나 유전자에 큰 변화가 일어나면 다른 계통으로 갈라지기도 해요.

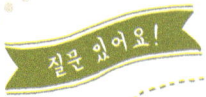

인간과 유인원은 얼마만큼 가까운가요?

원숭이와 유인원은 어떻게 다른지부터 알아봐요!

원숭이를 생각하면 침팬지가 떠오른다고요? 그런데 침팬지는 원숭이가 아니에요. 유인원이죠. 원숭이와 유인원은 비슷하지만 달라요. 가장 눈에 띄는 차이는 꼬리예요. 꼬리가 있으면 원숭이, 꼬리가 없으면 유인원이랍니다.

유인원 친구들을 소개합니다

침팬지

고릴라

오랑우탄

유인원은 뇌가 발달해 영리하고 후각보다 시각이 뛰어나죠. 몸통을 똑바로 세우고 두 발로 설 수 있어요. 인간과 같은 조상으로부터 갈라져 나와 닮은 점이 아주 많지요.

유인원뿐 아니라 지구의 모든 생물이 다 우리 인간의 친척들이에요!

서로 다른 생물들이 같은 조상에서 갈라져 진화할 때 그 조상을 공동 조상이라고 불러요. 진화의 시계를 거꾸로 거슬러 올라가면 지구에 사는 모든 생물들의 공동조상을 만날 수 있겠죠?

인간과 유인원은 얼마나 가까운 친척인가요?

침팬지의 유전자는 인간과 98.6퍼센트나 똑같답니다. 유인원과 인간의 DNA를 어떻게 비교할까요? DNA에는 4개의 염기가 순서대로 아주아주 길게 배열돼 있는데 그 순서를 비교해 보는 거예요. 인간의 DNA를 이루는 염기서열이 30억 개나 돼서 생명공학, 수학, 논리학, 컴퓨터공학이 모두 힘을 합쳐야 해요.

3

최초의 인간은 누구일까

'다윈'이라는 이름 들어 봤죠?

고인류학자들은 인류의 기원을 알아내기 위해 화석을 많이 발굴했어요. 그런데 어떤 화석이 유인원이고 어떤 화석이 인류인지 알려면 먼저 인류의 조상이 어떤 모습이었을지 생각해 놓아야 해요. 화석이 땅속에서부터 "나는 인류의 조상입니다."라는 이름표를 달고 나타나지는 않으니까요. 우

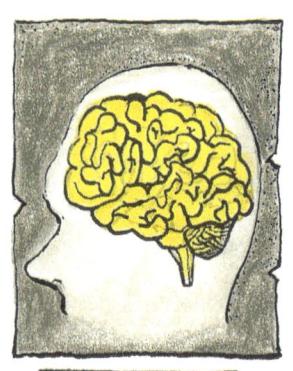
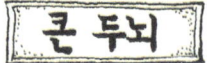

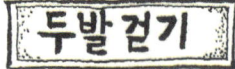

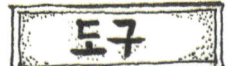

리 조상이니까 지금 우리 모습과 그렇게 크게 다르진 않았겠죠?

우리는 인간과 인간이 아닌 것을 한눈에 알아요. 따로 배우지 않아도 척 보면 얘는 개, 쟤는 원숭이, 우리는 인간, 이렇게 한눈에 알지요. 우리들 한 명 한 명의 모습은 서로 다르지만 우리 모두에겐 다른 동물과 구분되는, 인간들만의 공통된 특징이 있어요.

작은치아

진화론을 연구했던 영국의 과학자 찰스 다윈은 인간의 대표적인 특징으로 다음 네 가지를 꼽았어요. 큰 두뇌, 두 발 걷기, 도구 사용, 작은 치아. 그리고 '인류가 왜 이런 모습으로 진화했을까?' 하고 그 원인을 찾기 시작했어요.

다윈은 인간이 사냥을 하면서 지금의 모습으로 진화했다고 생각했어요. 침팬지나 고릴라와 달리 인간은 동물을 잡아서 고기를 주로 먹었을 거라고 추측했어요.

찰스 다윈
1809-1882

지금으로부터 160여 년 전인 1859년에 『종의 기원』이라는 책을 낸 영국의 과학자예요. 인간을 비롯한 모든 생물은 신이 창조한 것이 아니라 자연에 적응하면서 진화해 왔다는 걸 밝혀냈어요.

움직이는 동물을 잡아먹는 일은 쉽지 않겠죠? 그냥 제자리에서 가만히 자라는 식물을 뜯어 먹는 것보다 두뇌를 훨씬 더 많이 써야 해요. 움직이는 동물이 어디에 나타날지 예측하고, 어떻게 눈에 띄지 않게 다가갈지 궁리하고, 어떻게 어디로 도망갈지 예상해야 하니까요.

인간은 혼자보다는 몇 명이 무리를 이루어서 사냥을 했을 거예요. 그러려면 동료 사냥꾼이 어떤 생각을 하는지 서로 의견을 교환하고 작전을 짜야죠. 인간은 사냥감을 잡느라 커진 머리로 많은 양의 정보를 모으고 저장했어요. 또 두 발로 걷는 직립보행을 하면서 자유로워진 손으로 도구를 만들어 사용했지요. 그렇게 만든 도구로 사냥을 하고, 고기를 잘게 저며서 먹으면서 점점 치아는 작아졌어요.

다윈에 이어 많은 사람들이 이렇게 사냥을 하면서 인류의 특징 네 가지가 같이 나타났다고 이야기했어요. 이걸 '사냥 가설'이라고 불러요.

과학적인 탐구는 먼저 가설을 만들어서 '이래서 그럴 것이다.'라고 예상합니다. 그리고 데이터(자료)를 이용해서 그 예상이 맞는지 틀리는지 봅니다. 이 과정을 '가설 검증'이라고 해요. 가설을 검증하는 데 쓰이는 자료는 자연 현상에서 모으기도 하고, 실험실에서 실험을 통해 모으기도 합니다.

뭐니 뭐니 해도 인간이라면 큰 머리

다윈의 진화론이 알려지면서, 사람들은 전에 없던 새로운 생각을 하게 됐죠. '인류가 어느 날 갑자기 지금의 모습으로 지구상에 나타나지 않았구나. 지금과 조금 다른 모습을 가지고 덜 인간다운 모습의 조상이 있었겠구나.'

그리고 인간의 조상은 당연히 유인원보다 모든 면에서 우수할 거라고 확신했어요. 그중 제일 중요하고 인간다운 건 큰 두뇌였어요.

인간은 강아지처럼 냄새를 잘 맡는 것도 아니고 표범처럼 빠르지도 않고 코뿔소처럼 힘이 센 것도 아니에요. 하지만 똑똑하죠. 지구상에서 인간만이 이 엄청난 문명을 건설했어요. '지혜로운 인간'이라는 뜻의 호모 사피엔스라는 이름이 괜히 붙여진 게 아니에요.

뛰어난 두뇌는 머리 크기와 관련이 있어요. 다른 동물과 비교해서 인간의 뇌는 그냥 크기만 봐도 크고, 몸집에 비해서도 커요. 머리가 크다고 다 똑똑한 건 아니에요. 그러면 고래나 코끼리가 인간보다 더 똑똑할 테니까요. 물론 똑똑하다는 말이 어떤 뜻인지에 따라 다르겠지만요.

인간의 머리 크기는 클 뿐만 아니라, 그 안에 들어 있는 뇌는 주름이 쭈글쭈글 잡혀 있어요. 많은 두뇌 세포가 촘촘히 있는 모양이죠. 같은 머리 크기라도 그 안에 있는 두뇌가 매끈하고 편평한 모양보다 쭈글쭈글 주름이 잡혀 있으면 훨씬 더 많은 두뇌 세포가 들어갈 수 있답니다.

오랫동안 사람들은 인류의 조상이라면 다른 건 몰라도 머리 크기 하나는 컸을 거라고 추측했어요. 인류의 기원을 밝히기 위해서는 큰 두개골을 가진 인류 화석을 찾는 게 제일 중요했던 거죠.

화석 사냥꾼의 사기극

1912년, 찰스 도슨이 영국의 런던 근처 필트다운에서 인류의 조상으로 보이는 화석을 발견했어요. 사람들은 '필트다운인'이라고 이름 붙여진 이 화석에 크게 환호했어요. 왜냐면 이 화석이 사람들이 기대했던 대로 큰 두뇌와 날카로운 송곳니를 가지고 있었거든요.

화석이 영국의 런던 근처에서 발견되었다는 점도 중요했어요. 남아프리카에서 발견된 '오스트랄로피테쿠스 아프리카누스' 역시 인류의 조상이라는 주장이 있었어요. 필트다운인 화석은 아프리카처럼 유럽에서 멀리 떨어진 곳이 아니라 당시 세계를 주름잡던 대영제국의 수도에서 발견돼서 더더욱 관심을 끌었는지도 몰라요.

머리도 크고 이빨도 용맹스럽고 발견된 장소도 멋지다니, 인류의 조상이니까 이 정도는 되어야 자랑스럽지 않겠어요?

필트다운인 화석이 이상하다고 여겼던 사람들은 꾸준하게 있었어요. 그렇지만 40년이나 지나서야 과학적인 조사를 통해 가짜라는 사실이 밝혀졌어요. 여기서 과학적인 검증에 중요한

> **오스트랄로피테쿠스 아프리카누스**
>
> 1920년대에 남아프리카에서 '타웅 아이'라는 작은 화석이 발견되었어요. 그 당시까지 발견된 화석 중에 가장 오래된 인류 화석으로 '남쪽유인원사람'이라는 뜻의 오스트랄로피테쿠스라는 이름이 붙었어요. 두뇌는 침팬지만 하고 도구를 만든 흔적도 없고 이빨도 보잘 것없지만 200~300만 년 전에 살았던 인류의 조상이랍니다.

역할을 한 것이 불소 연대 측정법입니다.

치약에 들어 있어서 충치를 예방해 주는 원소로 잘 알려져 있는 불소는 연대 측정법으로도 쓰입니다. 살아 있는 생물이 죽으면 주변 흙에서 불소가 뼈로 녹아 들어가요. 그래서 오래된 뼈일수록 불소가 많이 포함되어 있어요. 이런 검사법을 불소 연대 측정법이라고 해요.

필트다운인 화석을 검사했더니 머리뼈와 턱뼈에 포함된 불소의 양이 서로 달랐어요. 같은 개체의 머리뼈와 턱뼈라면 같은 날 태어나서 같은 날 죽었겠죠? 그렇다면 같은 양의 불소가 뼛속에 쌓여 있어야 해요.(이것이 바로 가설이죠!)

그런데 검사 자료를 보니 서로 다른 양의 불소가 있었던 거예요. 따라서 머리뼈와 턱뼈는 같은 개체에서 나온 것이 아니라는 결론을 내렸답니다. (자료를 통해 가설을 검증한 거죠!) 한 개체에서는 머리뼈를 가져오고, 다른 개체에서는 턱뼈를

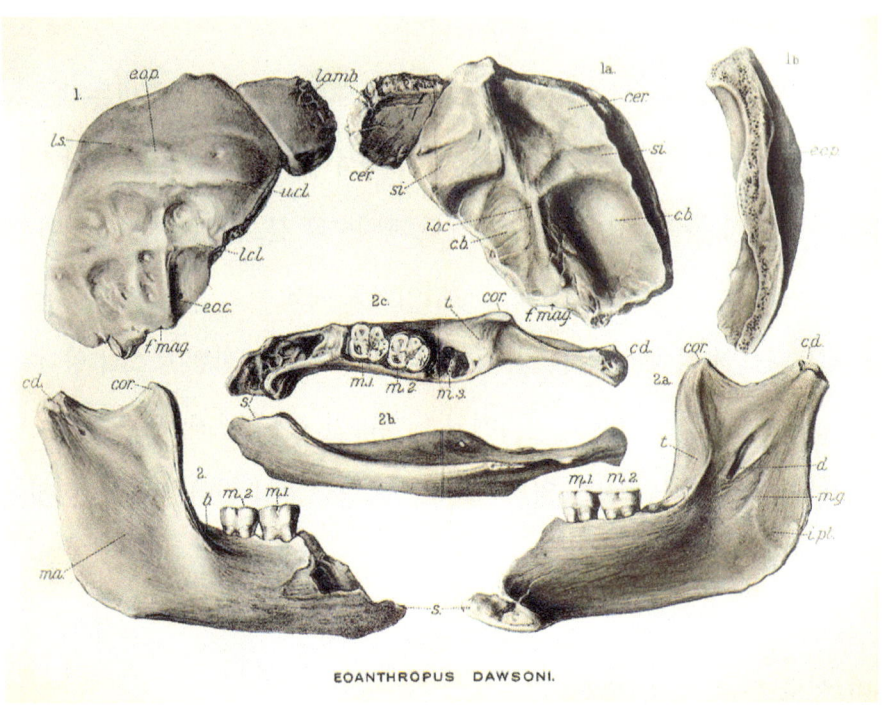

가져와서 둘을 끼워 놓고 하나의 개체라고 했던 거죠.

알고 보니 필트타운인 화석은 유인원의 송곳니와 어금니에 중세 시대의 사람 두개골을 끼워 맞춘 거였어요. 이런 황당한 사기 사건의 주범은 누구였을까요? 아직 밝혀지지 않았답니다. 우리가 알 수 있는 건 당시 사람들이 '인간은 무엇보다 먼저 머리가 발달했을 거야.'라고 믿었다

개체
스스로 살아갈 수 있는 능력을 가진 독립된 생물체를 개체라고 불러요. 기생충 한 마리, 강아지 한 마리, 인간 한 명 한 명이 모두 하나의 개체예요.

는 거예요. '인간이라면 뭐니 뭐니 해도 큰 두뇌'라는 생각이 그만큼 강력했던 거지요.

루시, 다이아몬드와 함께 저 하늘에

인간의 조상은 훌륭한 머리를 가지고 있었을 것이라는 생각을 송두리째 바꿔 놓은 일이 생겼어요. 1974년, 동아프리카의 에티오피아에서 화석 하나가 발견됐죠. 낮의 뜨거운 태양 아래 발견한 화석들을 가져와 저녁에 손질하던 발굴 팀은 범상치 않은 화석을 보고 환호했어요.

그때 라디오에서는 비틀즈의 노래 '루시, 다이아몬드와 함께 저 하늘 위에 〈Lucy in the Sky with Diamond〉'가 흘러나오고 있었어요. 그래서 이 화석에는 '루시'라는 애칭이 붙었답니다.

루시는 머리도 목도 없어요. 물론 살아 있을 땐 당연히 머리가 있었는데 죽은 다음 오랜 세월이 흐르면서 없어진 거죠. 루시는 약 330만 년 전에 살았던 인류의 조상이에요.

루시는 당시로서는 가장 오래된 인류 화석이었으니 당연히 인류의 기원을 밝혀 줄 거라는 기대가 컸겠죠? 하지만 아쉽게도 머리뼈가 없으니 사람

46

들이 그토록 확인하고 싶던 머리 크기를 알 방법이 없었어요. 그래서 루시는 처음에 그다지 큰 관심을 받지는 못했어요.

그런데 루시는 머리가 아니라 다리로 사람들을 깜짝 놀라게 했어요. 루시의 다리뼈에 두 발로 걸었던 흔적이 고스란히 남아 있었거든요. 루시는 똑바로 서서 두 발로 걸었던 거예요. 화석의 다리뼈만 보고 어떻게 두 발로 걸었는지 아느냐고요?

고인류학자들은 뼈만 봐도 많은 정보를 캐낼 수 있답니다. 그러기 위해서는 생물학을 다양하게 많이 공부해야 해요. 인체해부학은 기본이고요. 고인류는 현대인과는 다르게 생겼기 때문에 많은 동물들의 근육과 골격을 비교하는 비교해부학도 공부해야 하고요. 뼈는 근육이 붙어 있어서 움직이는 것이 중요한 기능이니까 체육학도 공부해서 몸의 움직임이 뼈에 미치는 영향도 잘 알아야 해요. 근육의 움직임 때문에 뼈의 생김새가 달라지거든요.

뼈는 힘을 받으면 관절의 크기가 커져요. 관절은 뼈가 맞닿는 곳이죠. 네 발로 걸으면 다리 네 개가 몸무게를 나눠 가지지만, 두 발로 걸으면 두 다리에만 힘이 몰려요. 두 발로 걸으면 다리가 몸과 연결되는 엉덩관절과 무릎관절이 커지고 팔과 몸이 연결되는 어깨관절과 팔꿈치관절은 작아져요. 루시의 어깨관절은 역시 작았고, 엉덩관절과 무릎관절은 컸어요. 그리고 관절의 모양도 네 발로 걷는 동물과 달랐죠.

관절
관절은 뼈와 뼈를 연결하는 부분으로 사이에 연골이 있어 부드럽게 움직일 수 있어요.

그즈음 루시 말고도 루시와 비슷한 시기에 살았던 고인류 화석들이 많이 발견되었어요. 학자들은 이들에게 '오스트랄로피테쿠스 아파렌시스'라는 이름을 붙여 주었어요. 그리고 아파렌시스가 두 발 걷기를 했다고 세상에 알렸어요.

최초의 인류를 찾는 기준이 바뀌다

루시로 대표되는 아파렌시스는 두 발 걷기 말고는 사냥 가설 중에 아무것도 해당 사항이 없었어요. 머리는 작고, 송곳니는 크고, 도구와 같이 발견되지도 않았거든요. 루시는 어디로 보나 인류보다는 침팬지의 조상에 가까워 보였지요. 오직 하나, 두 발로 걸었다는 점만 달랐어요.

탄자니아의 래톨리 유적에는 아파렌시스가 330만 년 전 화산재 위를 두 발로 걸어간 발자국 화석이 선명하게 남아 있었어요. 최초의 인류가 두 발 걷기를 했다는 결

정적 증거를 찾은 사람은 유명한 고인류학자 메리 리키랍니다. 기대했던 인류의 조상이 유인원과 다른 점이 직립보행뿐이었다니, 사람들은 놀랐어요.

그러나 아파렌시스의 다리뼈와 발자국 화석은 인류가 진화 역사에서 두뇌가 커지기 전에 먼저 두 발로 걸었다는 사실을 명백히 보여 주었답니다.

인류 기원의 열쇠는 두 발 걷기에 있었어요. 인간은 구부정하게 걷다가 점점 똑바로 걷게 된 게 아니라 처음부터 똑바로 걸었어요. 이제 큰 두뇌가 아니라 두 발 걷기가 인류의 조상인지 아닌지를 결정짓는 기준이 된 거예요. 인간을 인간답게 만든 최초의 특징은 머리가 아니라 그 반대 방향인 발끝에서 먼저 나타났답니다.

  인류 진화의 역사에서 큰 두뇌보다 두 발로 걷는 일이 먼저 일어나다니, 놀랍죠? 그런데 여러분만 놀란 게 아니에요. 인류학자들도 놀랐어요. 그래서 20년 동안이나 과연 초기 인류가 두 발로 걸었는지 활발한 토론을 했답니다. 결국은 두 발 걷기가 최초로 나타난 인간다운 모습이라는 사실을 받아들였지요.

최초의 인간 루시는 어디에서 어떻게 살았나요?

이곳이 루시가 발견된 곳이에요. 루시는 아프리카 동쪽 에티오피아의 아파르 삼각지대에서 발굴되었어요. 그래서 이름이 오스트랄로피테쿠스 아파렌시스랍니다.

루시 화석의 어깨와 엉덩이, 무릎 쪽을 잘 살펴보면 루시가 두 발로 걸었다는 것을 알 수 있어요.
넓은 아프리카 초원을 가족이나 동료와 함께 두 발로 걸어 다니는 루시를 상상해 봐요. 나무 위를 오르내리는 유인원과는 다른 '인간'의 모습이 느껴지지 않나요?

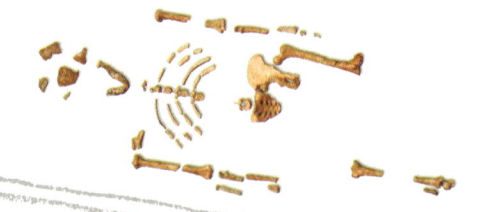

경기도 연천에 있는 전곡 선사 박물관에 가면 발굴된 화석을 토대로 과학적인 방법으로 복원한 옛날 인류들을 만날 수 있어요. '인류 진화의 위대한 행진'이라는 멋진 이름으로 전시되어 있지요. 맨 앞에 걷고 있는, 작지만 다부진 여성이 바로 루시예요.

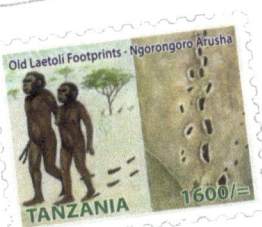

1979년 아프리카 탄자니아의 래톨리라는 곳에서 화산재 위를 걸어간 발자국 화석이 발견됐어요. 루시와 비슷한 시기에 살던 두 명의 아파렌시스가 나란히 걸어간 발자국이에요. 이 우표는 발자국 화석을 기념하기 위해 탄자니아에서 2014년에 발행한 우표랍니다. 두 사람은 지금 어디로 가는 길일까요? 나란히 걸어가며 무슨 이야기를 나누었을까요?

4
발끝에서 시작된 인간다움

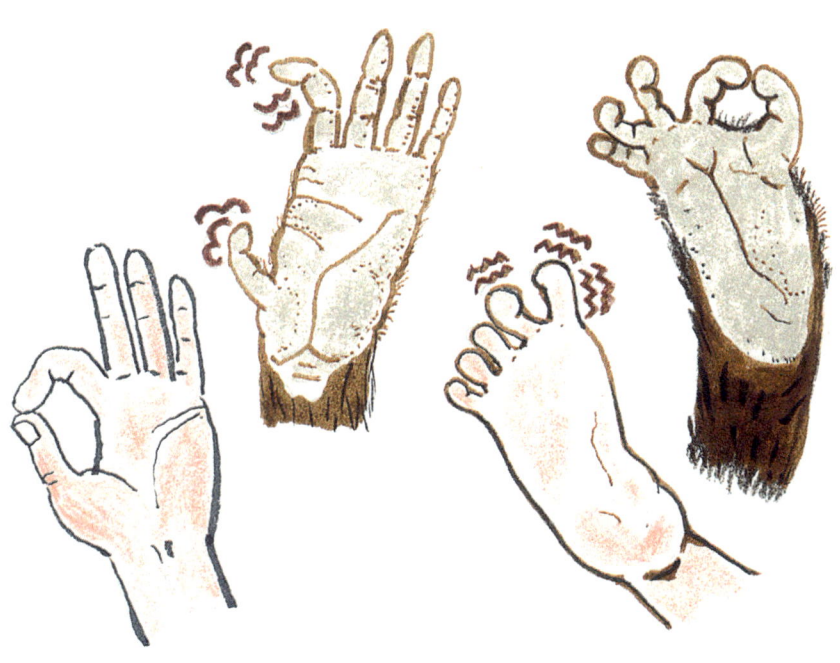

지금 일어나 걸어 보세요

자리에서 일어나 인간을 최초로 인간답게 만들어 준 두 발 걷기를 해 봐요. 인간만 두 발로 걷는 건 아니죠. 누가 두 발로 걷나요? 캥거루, 타조, 펭귄, 비둘기, 침팬지나 고릴라도 두 발로 걸어요. 강아지도 곧잘 뒷발로 서서 재롱을 피우죠. 이들의 두 발 걷기와 인간의 두 발 걷기는 어떻게 다를까요?

캥거루는 두 발로 뛰지만 천천히 움직일 때는 앞발을 땅에 대고 움직입니다. 게다가 두 발로 걷는 것이 아니라 매우 빠른 속도로 뛸 수 있죠. 새들은 두 발로 걷지만 날기도 하고요. 날지 못하는 펭귄은 날개를 이용해 헤엄도 치고 타조는 빠른 속도로 뛰고 짧은 거리를 뛰어오르기도 해요. 침팬지를 보면 두 발로도 걷고 네 발로도 걷고 나무도 타면서 여러 방법으로 움직여요. 강아지는 두 발로 재롱을 피우지만 네 발로 다니고요.

두 발로 걷는 다른 동물들은 두 발로 걷기 이외에도 움직이는 방법이 다

양해요. 그런데 인간은 두 발로 걷기 이외에는 마땅히 움직일 수 있는 방법이 없어요. 두 손을 땅에 짚고 걸어 보세요. 얼마나 오랫동안 그렇게 걸을 수 있나요? 불편하고 힘들어서 바로 그만두고 싶을 거예요.

 인간이나 원숭이, 침팬지처럼 물건을 잡을 수 있는 손과 발이 있는 동물을 영장류라고 해요. 영장류는 특화가 되어 있지 않아요. 특화란 말은 특별히 정해져서 그것만 한다는 말이에요. 예를 들어 사자는 고기만 먹고 소는

풀만 먹고, 이렇게 정해져 있는 게 특화예요.

원숭이나 침팬지는 곤충도 먹고 나뭇잎도 먹고 과일도 먹고 가끔씩 고기도 먹어요. 환경에 따라 먹거리가 특화되지 않고 일반화되어 있어요. 이것저것 다 먹죠.

움직임도 마찬가지예요. 두 발로도 걷고, 네 발로도 걷고, 나무도 타고, 뭐든지 할 수 있어요. 이렇게 여러 가능성을 열어 두는 것이 영장류의 중요한 특징이에요.

그런데 사람은 어떤가요? 먹는 거야 이것저것 다 먹지만 오로지 두 발로만 움직이죠. 특화된 움직임을 가지고 있는 인간은 영장류로서 예외적이랍니다.

영장류

척추동물이면서 새끼를 낳고 젖을 먹여 키우는 포유류 중에서 특히 뇌가 발달한 동물들을 말해요. 원숭이들, 침팬지나 고릴라 같은 유인원, 그리고 사람이 영장류에 속해요.

우리 모두는 발레리나, 발레리노

저는 동물의 왕국 같은 자연 다큐멘터리를 볼 때마다 다양한 생물이 다양한 방식으로 움직이는 걸 보고 감탄해요. 그런데 출퇴근 시간에 지하철역에서 수많은 사람들이 움직이는 걸 보면 '와! 대단하다. 정말 멋진 일이다!' 하면서 더 크게 감탄해요. 왜냐면 두 발 걷기라는 게 쉬워 보이지만 사실은 정말 엄청난 일이거든요.

자, 다시 한 번 일어나서 열 발자국만 걸어 봐요. 앞뒤로 걸어 보고 옆으로도 걸어 봅시다. 자신 있으면 머리에 책을 하나 얹어도 돼요. 두 발로 걷는 것과 두 발로 서 있는 걸 비교해 봐요. 두 발로 서 있을 때는 동시에 두 발이 한꺼번에 땅을 딛고 있어요. 두 발로 걸을 때는 동시에 두 발이 한꺼번에 땅에 있나요? 아니죠. 한 발만 땅에 닿아요.

한 발자국에서 그다음 발자국으로 갈 때 맨 처음 바닥을 디디는 부분, 우리 몸이 땅과 만나는 부분은 발꿈치예요. 그리고 그다음 발자국으로 옮겨 갈 때 가장 마지막으로 땅과 작별 인사를 하는 부분은 엄지발가락이에요. 그때 엄지발가락에 우리의 몸무게가 전부 실려요. 다른 발가락과 발바닥은 이미 땅에서 떨어져 올라갔죠. 엄지발가락이 온몸의 체중을 모두 받는 거예요.

그러니까 인간이 두 발로 걷는 건 사실 한 발로 걷는 거예요. 한 발 한 발 내딛는 거죠. 우리가 발레리나를 보고 '와! 너무 멋져!' 그러지만 사실은 우리도 발레리나처럼 걸어요. 하루에 만 보, 이만 보를 걷는다면 발레리나처럼 엄지발가락 끝으로 체중을 지탱하는 순간을 매일 만 번, 이만 번씩

겪는 셈이에요. 놀랍죠?

인간다운, 너무나 인간다운 엄지발가락

이제 손을 펴 보세요. 우리 손은 어떻게 생겼나요? 엄지손가락을 한 바퀴 빙 돌려 보세요. 이건 영장류라면 다 가지고 있는 특징이에요. 엄지랑 검지를 맞대어서 오케이 사인을 만들어 보세요. 이건 우리 인간만 할 수

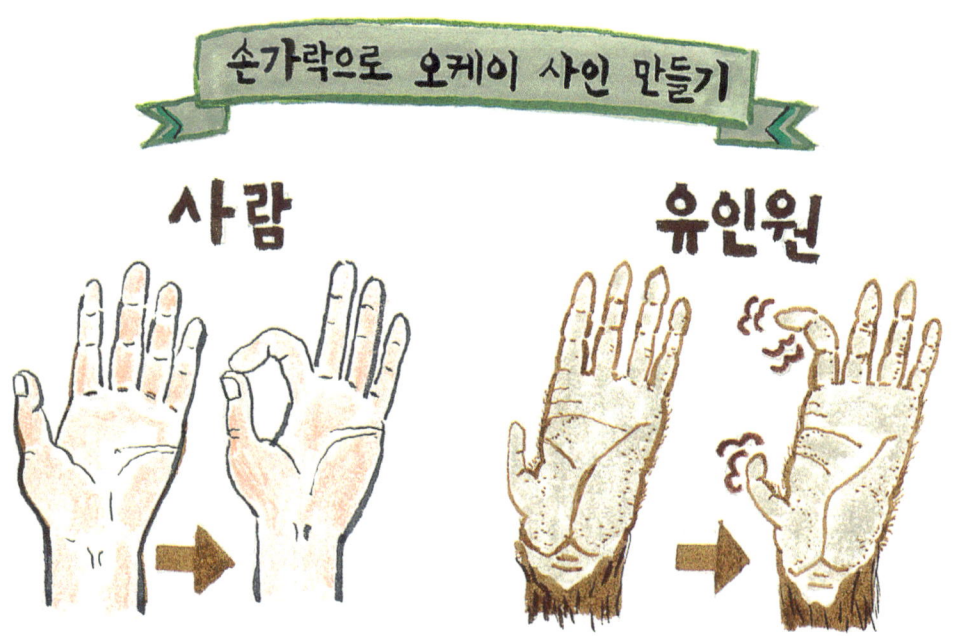

있어요. 다른 영장류들은 엄지손가락이 짧아서 이걸 못해요.

이제 발을 한번 봐요. 양말을 신었다면 벗고 소중한 발에 바람을 쐬어 주세요. 자, 발로 아까 엄지손가락으로 했던 걸 똑같이 해 볼까요? 엄지발가락을 한 바퀴 빙 돌려 보세요. 엄지손가락보다 훨씬 작은 범위에서 하게 되어요. 엄지발가락과 검지발가락을 맞대서 오케이 사인을 만들 수도 없어요. 그런데 유인원들은 손가락이 할 수 있는 모든 일을 발가락으로 할 수 있어요.

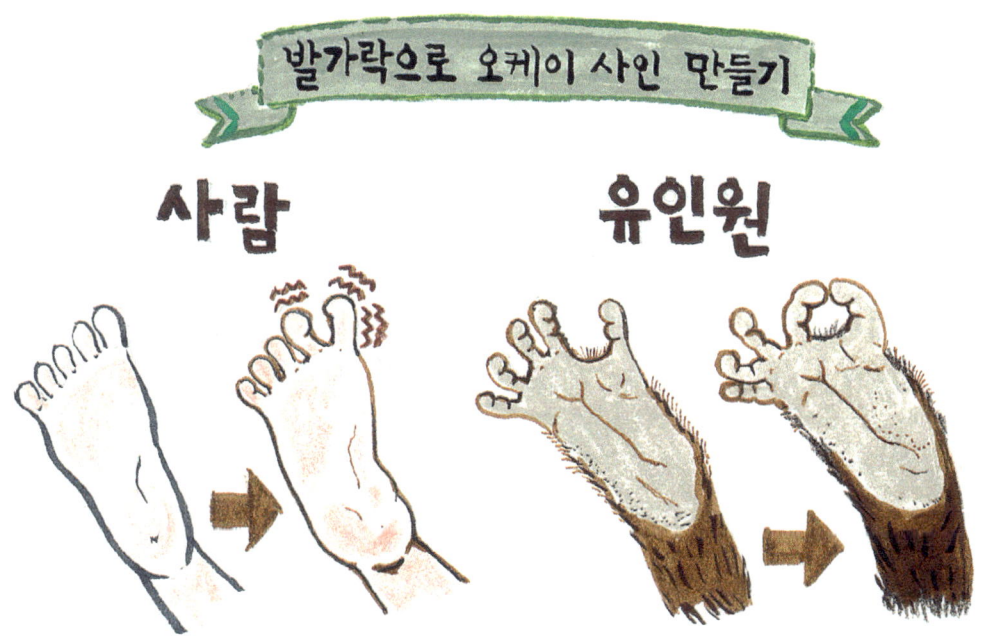

우리 발은 어떻게 생겼나요? 엄지손가락은 다른 손가락에 비해 작고 짤막하지만 엄지발가락은 다른 발가락들보다 꽤 커요. 그리고 다른 발가락들과 같은 방향을 바라봐요. 엄지발가락은 우리가 걷는 동안 체중을 온전히 견디느라 다른 발가락보다 크고 튼튼해졌어요. 방향도 다른 발가락과 똑같이 몸의 앞쪽을 향하게 된 거예요.

발바닥도 만져 보세요. 발꿈치에는 폭신하게 살이 있어요. 그리고 발꿈치로 땅을 딛고 엄지발가락까지 체중을 전달할 때 쿠션 역할을 하려고 발바닥이 오목하게 조금 떠 있어요. 이 아치 모양이 없어서 평평한 발바닥을 평발이라고 해요. 평발은 충격을 흡수하지 못해서 오래 걸을 수가 없어요. 평발이 심하면 군대를 면제받기도 해요.

다른 유인원들의 발은 이렇게 생기지 않았어요. 엄지발가락과 엄지손가락이 서로 비슷하게 생겼어요. 인간은 다르죠. 인간만 걷기 위해 발이 특화된 거예요. 그래서 우리 인간은 발가락으로 철봉에 매달리지 못해요. 유인원들의 발은 손처럼 생겼어요. 다른 유인원들은 네 발을 가지고 있는 게 아니라 사실은 네 손을 가지고 있는 셈이죠.

아메리카 대륙에 사는 원숭이들은 꼬리를 이용해서 나뭇가지를 감고 잡고 움직이니까 다섯 손을 가지고 있는 거나 마찬가지예요. 영장류의 발은 발이라기보다는 손이죠. 발은 영장류 중에서 인간만 가지고 있답니다. 인간이 특별한 이유가 발가락 때문이라니, 놀랍죠?

에너지 낭비를 막아라

두 발로 걷는 일은 번갈아 가며 한 발로 지탱하는 거라서 몸의 중심을 안정적으로 잡는 게 아주 중요해요. 요가 자세 중에 나무 자세나 선 활 자세 본 적 있죠? 한 발로 서서 균형을 잡는 자세죠. 초보자는 비틀거리다 순식간에 옆으로 쓰러져요.

걸을 때에는 균형을 잡는 일이 가장 중요해요. 잘못하면 걸을 때마다 휘청거리거나 쓰러져요. 아기가 처음 걸음마를 배울 때 아장아장 걷다가 넘

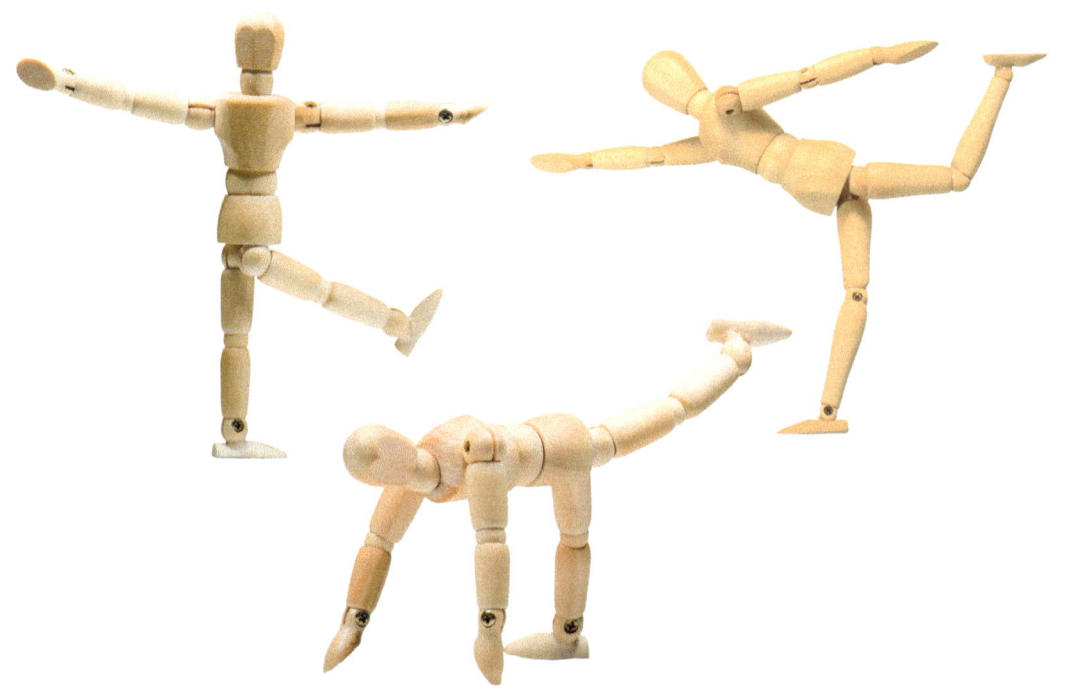

어져요. 비틀거리며 걷는 게 왜 나쁠까요? 스타일 구기는 건 둘째 치고, 무엇보다 흔들릴 때마다 그걸 회복하느라고 에너지를 낭비하기 때문이에요.

자연은 에너지를 낭비하지 않아요. 에너지는 어디에서 얻나요? 음식을 먹어서 얻죠. 사실 인류 역사상 처음으로 지금 에너지가 넘쳐 나요. 일부러 돈을 내고 운동을 하면서 기껏 먹어서 얻은 에너지를 쓰려고 노력해요. 하지만 인류가 진화해 온 대부분의 시간 동안 에너지는 무척 귀했어요. 먹을 걸 구하기가 하늘의 별따기인 시절에 걸으면서 에너지를 낭비하면 안 되겠죠.

어떻게 에너지 낭비를 막았을까요?

근육을 통해 상체를 고정시켜서 비틀거림을 최소한으로 막았어요. 자, 한 번 더 걸어 볼까요?

한 발에서 다른 발로 넘어갈 때 어떻게 되는지, 걸을 때 몸이 어떻게 움직이는지 느끼면서 왔다 갔다 해 봐요. 엉덩이 근육과 허벅지 근육이 몸의 중심을 잡아 주는 것이 느껴지나요? 걸을 때 엉덩이를 만져 보세요. 아주 탄탄하고 안정적으로 근육을 수축시켜서 몸을 잡아 주고 있죠.

우리가 걸을 때 몸을 잡아 주는 엉덩이 근육의 이름은 대둔근이에요. 큰 대(大)가 들어 있죠. 인간의 몸에서 가장 큰 근육이에요. 그런데 다른 동물은 이 근육이 안 커요. 유인원도 안 크고 달리는 게 주특기인 말도 안 커요.

소나 말은 허벅지 근육을 수축시켜서 앞으로 나아가요. 그래서 허벅지 근육이 굉장히 크고 순식간에 엄청난 속력을 낼 수 있죠. 인간은 어떻게 앞으로 나아갈까요? 자, 이제 좀 빠르게 걸어 보세요. 어떤가요? 한 발 한 발 번갈아 움직일 때 자기도 모르게 탄성이 생겨서 앞으로 나아가죠? 인간은 마치 추를 한 번 좌우로 움직이면 추진력이 생겨 계속 움직이듯 에너지를 적게 쓰면서 먼 거리를 걸을 수 있어요.

소나 말처럼 한 발 한 발 걸을 때마다 허벅지 근육을 쓰지 않으니 에너지 효율이 높은 알뜰한 움직임이에요. 덕분에 인간은 알

> **탄성과 추진력**
> 탄성은 용수철이나 고무줄처럼 힘을 가해 모양을 바꾸었을 때 원래대로 되돌아가려는 성질을 말해요. 추진력은 물체를 밀어 앞으로 내보내는 힘이에요. 로켓의 엔진은 추진력이 강하죠.

> **에너지 효율**
> 에너지를 쓸 때 손실되는 에너지가 얼마나 되는지 비교하는 걸 말해요. 효율이 높으면 에너지를 적게 쓰고도 일을 많이 할 수 있어요.

맞은 걸음걸이 속도만 유지한다면 몇 시간도 문제없이 걸을 수 있어요. 오래 견디는 지구력도 함께 발달했죠.

침팬지나 고릴라는 두 발로 걸을 때 어떻게 걷나요? 한 발 한 발 움직일 때마다 모든 체중을 한 다리에 실으며 엉거주춤 뒤뚱뒤뚱 걷죠? 유인원들은 골반이 벌어져 있어서 걷는 모습이 인간과 달라요. 인간은 두 발로 잘 걷기 위해 척추가 휘고 골반 생김새도 달라졌어요. 척추가 S자 곡선을 이루고 있어서 체중이 중앙선을 따라 내려가고, 골반이 좁아서 뒤뚱거림이 줄어들고 한 발로 섰을 때 무게중심선이 중앙에 가까워졌어요.

무게중심과 무게중심선

물체가 어느 쪽으로도 치우치거나 넘어지지 않고 균형을 잡는 점이 무게중심이에요. 책의 무게중심을 찾으면 손가락 끝에 책을 올려놓아도 떨어지지 않죠. 무게중심선은 물체의 모서리와 무게중심을 잇는 선을 말해요. 사람이 쓰러지지 않고 잘 서 있을 수 있는 무게중심선은 두 발 사이에서 배꼽을 잇는 선이랍니다.

초기 인류는 이렇게 온몸으로 변화를 겪어 내며 인간다운 두 발 걷기를 시작했어요. 여러분은 330만 년 전 루시의 진화 덕분에 지금 두 발로 똑바로 서서 성큼성큼 걸어 다니고 있는 거예요. 여러분도 저처럼 지하철역에서 사람들이 움직이는 걸 관찰해 보세요. 하나같이 다 두 발로 똑바로 서서 지하철을 타고 내리고, 통로를 걷고, 계단을 오르내리는 모습이 새롭게 다가올 거예요. 인간의 두 발 걷기는 놀랍고 신기한 일이랍니다.

5

큰 대가를 치르고 얻은 소중한 인류의 모습

사람이 되는 일은 쉽지 않네

두 발 걷기에는 큰 대가가 따랐어요. 네 발로 걸으면 몸무게가 네 곳으로 분산되지만 허리를 세워 똑바로 걸으면 허리와 엉덩관절, 무릎으로 몸무게가 몰리죠. 그래서 조심하지 않으면 허리를 삐끗하기 쉬워요. 허리 통증은 무척 아픈데 10명 중 7명꼴로 평생 한 번은 허리가 아파서 고생한다고 해요.

그리고 몸 윗부분으로 중력을 거슬러서 피를 보내야 하니까 심장은 잠시도 쉬지 않고 엄청난 펌프질을 하게 됐어요. 짐을 지고 언덕길을 올라가는 것이 내려가는 것보다 훨씬 더 힘들죠? 게다가 인간의 머리는 크기 때문에 많은 양의 피를 필요로 해요. 중력을 거슬러서, 그것도 무거운 짐을 잠시도 쉬지 않고 올려 보내야 하니 심장이 얼마나 힘들겠어요!

게다가 인간의 아기는 머리도 커요. 그런데 골반은 머리 크기에 맞춰서 커질 수 없었어요. 두 발 걷기를 위해 특화되고 최적화된 골반을 통해서

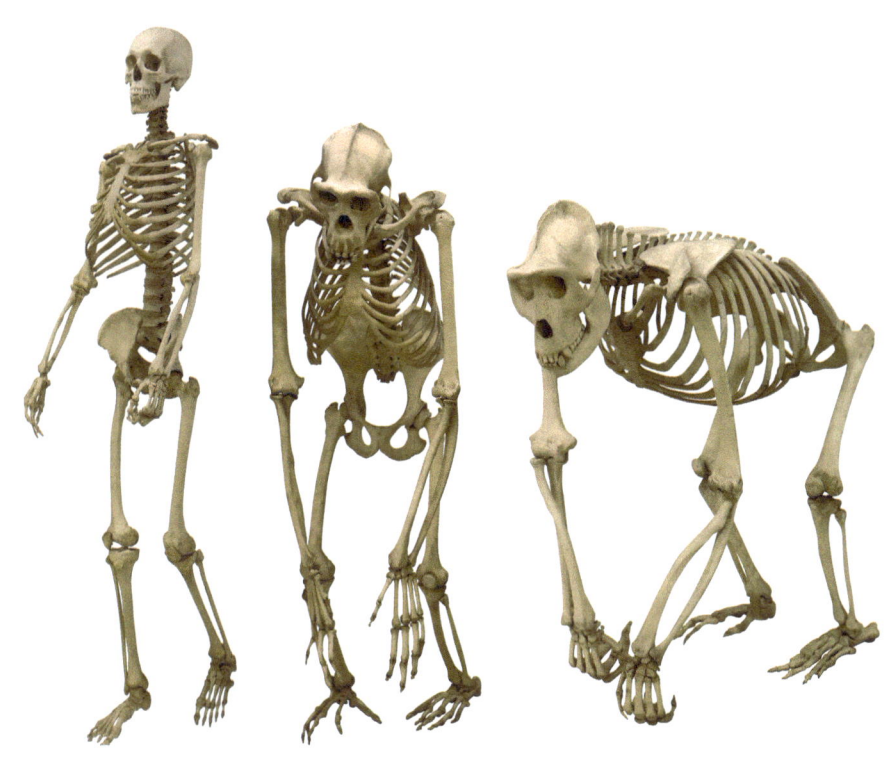

아기를 낳는 일은 고생스러워졌어요. 그래서 아기가 태어나려면 엄마는 골반 뼈가 통째로 벌어지는 엄청난 고통을 겪어야만 해요.

  하지만 인간은 이런 고통의 대가로 큰 선물을 받았어요. 우선 두 팔과 두 손이 자유로워졌죠. 마음대로 도구도 만들고 이것저것 들고 다닐 수 있게 되었어요. 인간은 다른 동물과 달리 털이 없어 몸이 매끈하기 때문에 아기가 엄마의 몸을 잡고 매달리기가 어려워요. 그런데 두 손이 자유로우니 아기를 잘 안고 다닐 수 있죠. 인간은 엄마만 아기를 돌보는 게 아니니

까 아빠나 할머니, 할아버지가 자유로운 두 손으로 아기를 안고 다니기도 좋지요.

인간은 두 발로 걸으니 몸 윗부분이 편안해졌고, 덕분에 횡격막이 자유로워졌어요. 횡격막은 근육으로 된 얇은 막인데 우리 몸통 속에서 심장과 폐가 들어 있는 가슴 부분과 소화 기관이 들어 있는 배 부분을 나누어요. 횡격막을 조였다 느슨하게 하면서 숨을 들이마시고 내쉬게 됩니다.

두 발 걷기를 하면서 윗몸이 움직임에서 자유로워지고 횡격막도 자유로워지니까, 숨을 쉬고 목소리를 내는 것도 자유로워졌어요. 자유자재로 목소리를 낼 수 있게 되자 언어가 탄생했죠.

횡격막
배와 가슴 사이를 나누는 가로막을 말해요. 폐는 근육이 없어서 스스로 움직이지 못하는데 숨을 쉴 때 횡격막이 내려가고 갈비뼈가 올라가면서 폐 속으로 공기가 들어온답니다.

인간은 결국 두 발 걷기 덕분에 도구와 언어라는 엄청난 선물을 받게 된 거예요. 도구와 언어는 문명을 꽃피우는 출발점이랍니다.

두 발 걷기가 준 진정한 선물

커진 머리에 비해 좁은 골반 때문에 인간의 출산이 고통스러워졌다고 했지요? 그런데 거의 대부분의 생물에게 새끼를 낳는 일은 자연적이고 힘들지 않아요. 생물에게 가장 중요한 것은 먹고 살아가는 생존과 새끼를 낳는 번식이에요. 만약 새끼를 낳는 일이 힘들다면 어떻게 자손을 남기겠어요?

인간을 제외한 동물들은 새끼의 머리 크기가 어미 몸속에서 아기가 나오는 길보다 크지 않아요. 덕분에 아기 원숭이는 태어날 때 배 속에 있던 그대로 얼굴을 엄마 쪽으로 향하고 태어나요. 엄마 원숭이는 쭈그려 앉아 팔을 뻗어 아기 원숭이가 나오도록 돕고, 아기 원숭이가 다 나오면 그대로 품으로 가져와 젖을 먹여요.

인간은 달라요. 아기 머리는 크고 나오는 길은 좁아서 아기가 머리를 틀고 어깨를 틀면서 겨우겨우 태어나요. 엄마도 고통스럽고 아기도 힘들어요. 그리고 태어난 아기의 얼굴도 엄마 뒤쪽을 향하게 되죠. 그래서 만약 엄마가 원숭이처럼 혼자 아기를 빼내다가는 아기 목이 뒤로 꺾여 큰일 나

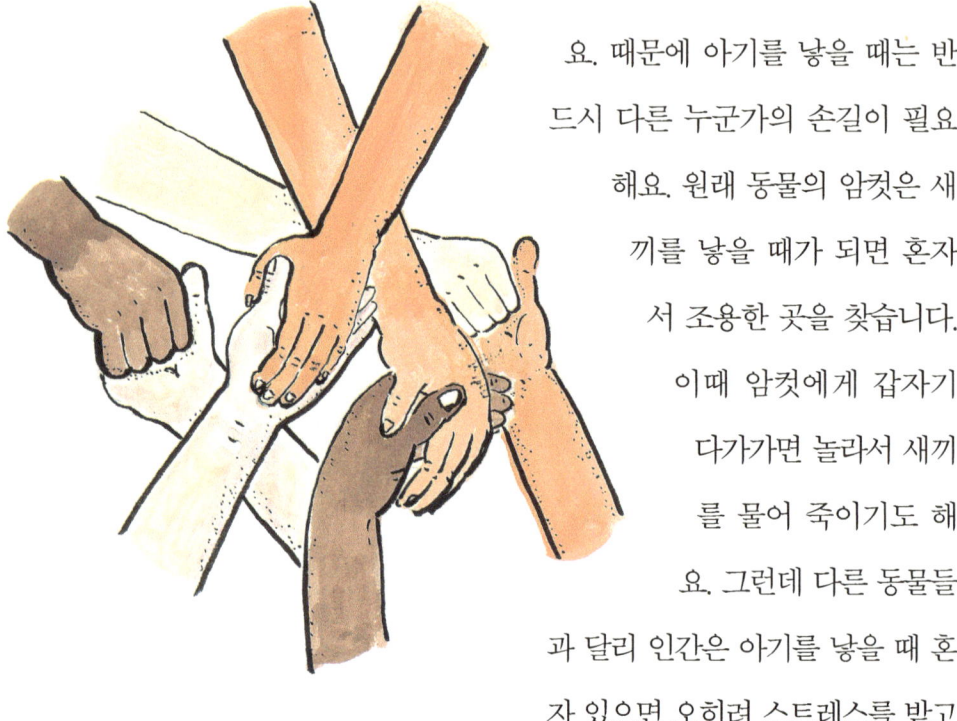

요. 때문에 아기를 낳을 때는 반드시 다른 누군가의 손길이 필요해요. 원래 동물의 암컷은 새끼를 낳을 때가 되면 혼자서 조용한 곳을 찾습니다. 이때 암컷에게 갑자기 다가가면 놀라서 새끼를 물어 죽이기도 해요. 그런데 다른 동물들과 달리 인간은 아기를 낳을 때 혼자 있으면 오히려 스트레스를 받고 심지어 해산 과정이 멈추기도 한답니다.

    새로운 생명이 탄생할 때 아기를 무사히 받아 탯줄을 자르고 엄마에게 건네주는 누군가의 손길이 없었다면 인류는 지금까지 살아남을 수 없었을 거예요. 인간은 태어나는 순간부터 다른 사람의 도움이 필요해요. 두 발 걷기가 우리에게 준 진짜 선물은 다른 사람에게 내밀어 도움을 줄 수 있는 자유로운 두 손일 거예요.

사바나의 작고 연약한 동물

　인류의 조상은 처음에 아프리카 사바나에서 살았어요. 사바나는 넓게 펼쳐진 열대 초원이에요. 아프리카 세렝게티 초원의 사자, 얼룩말, 기린을 잘 알죠? 다윈도 그렇고 여태까지 모든 사람들이 우리 인간은 그 초원에서 사냥을 해서 고기를 먹고 살았다고 생각했어요.

　그런데 말이에요, 루시는 두 발로 똑바로 걷기만 했지 머리는 작고 키는 일 미터가 안 돼요. 머리가 얼마나 작았냐하면 두뇌 크기가 450시시(cc)였어요. 침팬지나 신생아의 머리 크기 정도였어요. 머리는 주먹 두 개만 하고 키는 다섯 살 유치원생만 한 거예요.

　유치원생 몸집에 신생아 머리 크기의 루시가 대초원의 사자나 표범과 경쟁해서 과연 사냥을 할 수 있었을까요? 거기다 빨리 달릴 수도 없어 어디 도망가지도 못해요. 쫓아가서 사냥하는 게 문제가 아니라 살아남은 게 기적입니다. 형편없이 나약하고 미약한 존재였던 거예요.

　남아프리카공화국의 스와르트크란스 동굴에서 발견된 초기 인류의 머리뼈 화석에는 구멍 두 개가 뚫려 있었어요. 머리뼈 화석과 함께 발견된 표범의 아래턱뼈에는 송곳니가 그대로 있었어요. 그 둘을 대봤더니 머리뼈에 난 구멍 너비와 표범의 송곳니 너비가 비슷했죠. 표범에게 물린 거예요.

　우리는 초기 인류가 맹수를 따돌리고 사냥을 했을 거라고 생각해요. 하지만 사실은 도망도 못 가고 머리를 물린 채로 높은 나무 가지 위에 얹혀 유유자적한 표범의 먹이가 되었던 거죠.

그렇게 인류는 아주 어려운 세월을 살아남아 여기까지 왔어요. 우리는 인간이 특별하고 멋지고 다른 동물들과 동떨어진 존재라고 생각하지만 절대 그렇지 않아요. 우리는 침팬지, 고릴라와 가까운 친척이고, 사바나에서 맹수에게 잡아먹히던 연약하고 겁 많은 동물이었어요. 우리는 아프리카 초원의 별로 특별하지도, 중요하지도 않은 동물이었던 거예요.

인간은 처음부터 멋지고 잘나서 대단한 게 아니에요. 보잘것없고 나약한 존재인데도 불구하고 살아남아서 여기까지 왔기 때문에 대단해요. 지구에 등장한 최초의 인간이 그다지 특별한 생명체가 아니었다는 사실을 우리는 마음속에 잘 새겨 두어야 한답니다. 그 겸손한 마음은 지금 우리 모습을 감사히 여기게 하고, 지구에 살아 있는 모든 생명을 존중하도록 만들어 주기 때문이에요.

커다랗고 빨간 물음표

그런데 인류의 두 발 걷기에 물음표가 붙는 일이 생겼어요. 2009년 올해의 발견으로 뽑혀 「사이언스」라는 유명한 과학 잡지의 표지 모델로 등장했던 화석인 '아르디피테쿠스 라미두스' 때문이에요.

라미두스는 지금으로부터 440만 년 전 아프리카 수풀에서 살았는데 고인류 화석인 줄 알았어요. 그런데 긴 팔과 큰 손, 짧은 다리, 그리고 엄지손가락처럼 생긴 엄지발가락을 갖고 있었어요. 나무를 타는 원숭이나 유인원

한테나 있는 그 엄지발가락 말이에요.

우리는 지금껏 두 발 걷기가 얼마나 인간적인가 열심히 공부했잖아요? 그리고 그 증거로 우리 엄지발가락이 얼마나 인간다운지 감탄했고요. 그런데 유인원의 엄지발가락을 가진 화석이 떡 하니 나타난 거예요. 여러분만 놀란 건 아니에요. 이 화석은 인류학계뿐만 아니라 과학계 전체에 큰 파장을 불러왔으니까요.

어쩌면 이제 '최초의 인류는 두 발로 걸었다.'라는 가설이 위태로워진 건지도 몰라요. 아니면 라미두스는 초기 인류가 아니라 인류와 침팬지가 갈라지기 이전의 유인원 화석인지도 몰라요. 그렇다면 인류의 역사는 500만 년이 아니라 300만 년으로 더 짧아지게 될 수도 있어요.

그래서 이제는 '초기 인류가 두 발 걷기 말고는 다른 움직임은 아무것도 하지 않았다.'라고 말하는 대신 '초기 인류는 지금 우리 현대 인류와는 달리 두 발 걷기와 함께 나무 타기도 할 수 있었을 것이다.'라고 말한답니다.

여행은 계속된다

우리는 지금껏 초기 인류, 그러니까 최초의 인류에 관해 이야기했어요. 이들은 두 발 걷기를 했다는 점 외에는 두뇌 크기나 이빨 모양이 침팬지나 고릴라 같은 유인원과 매우 비슷했지요.

최초의 인류 조상들은 아프리카 기후가 점점 차갑고 건조해지면서 살아남기 위해 다른 방식으로 진화하거나 사라져 갔답니다. 그리고 지금으로부터 200만 년 전, 지구상에는 또 다른 새로운 인류가 등장해요. 조금 더 인간답게 진화해 우리들의 직접적인 조상이 된 이들을 만나러 가 볼까요?

6
새로운 인류의 등장

원시인의 식사

경기도 연천군에 있는 전곡리 선사유적지에 가면 주먹도끼로 두툼한 고기를 잘라 화덕에 구워 먹는 체험이 있어요. 원시인의 식생활을 체험하는 거죠.

인류는 언제부터 어떻게 고기를 구해 먹었을까요? 앞에서 이야기했지만 인류는 처음에 아주 미약하고 보잘것없는 존재였어요. 그런 인류가 고기를 먹게 되기까지 오랜 세월 동안 많은 어려움을 극복해야 했어요.

인류와 가까운 유인원들은 가끔 고기를 먹기도 하지만 주로 나뭇잎과 과일을 먹어요. 왜냐면 큰 몸집을 유지하기 위해 필요한 만큼의 고기를 때 맞춰 구하는 일이 어렵기 때문이에요. 아마 초기 인류도 다른 유인원들처럼 초식을 했을 거예요. 이들의 커다란 어금니와 턱뼈 화석을 보면 많은 양의 식물을 씹어 먹었다는 걸 짐작할 수 있어요.

그런데 아프리카의 기후가 건조해지면서 식물성 먹거리를 구하기가 점점 어려워지기 시작했어요. 고릴라처럼 이빨이 크고 튼튼하면 나무껍질이나 풀뿌리라도 씹어 먹을 텐데 그것도 쉽지 않았죠.

배가 고플 때 채소는 엄청나게 많이 먹어야 하지만 고기는 조금만 먹어도 힘이 나잖아요? 그래서 이 무렵 새롭게 등장한 인류는 동물성 먹거리로 눈을 돌렸어요. 하지만 이들 역시 초기 인류와 마찬가지로 사냥은 엄두도 낼 수 없었어요.

살아 있는 동물을 잡아먹지 못하면 죽은 동물을 먹으면 되겠죠? 그렇지만 죽은 동물 먹는 것으로 유명한 하이에나 떼나 독수리 떼와 경쟁하는 것도 만만한 일이 아니에요. 기억나죠? 초기 인류는 유치원생 정도의 작은 몸집을 가지고 있었어요. 그래서 인류는 동물성 먹이를 먹는 획기적인 방법을 생각해 냈죠.

획기적이라고 말했지만, 사실은 고기며 내장을 다 발라 먹고 남은 찌꺼기인 뼈를 먹는 거예요. 아니, 정확히 말하자면 뼈를 먹는 것이 아니고 뼈 속에 있는 골수, 머리뼈 속에 있는 뇌를 먹는 거죠.

뼈는 무척 단단하지만 문제없었어요. 인간에겐 두 발 걷기로 얻은 자유로운 손이 있잖아요? 인간은 드디어 도구를 사용해요. 돌로 뼈를 깬 거죠.

뼈 깨는 돌이 사냥꾼의 돌이 되기까지

인류의 조상이 초원의 용감한 사냥꾼인 줄 알았더니 겨우 시체 찌꺼기나 먹다니, 그것도 아무도 거들떠보지 않는 뼈를 쪼개 그 속에 골수 따위나 파먹다니, 그것도 큰 몸집과 튼튼한 이빨을 가진 유인원에게 밀려 울며 겨자 먹기로 선택한 방법이었다니, 조금 실망스러운가요?

하지만 뼈 찌꺼기라도 육식은 육식이었어요. 더구나 골수와 뇌는 생각보다 영양이 아주 풍부해요. 여러분이 기운이 없을 때 먹는 곰탕이 뭐예요? 소뼈를 푹 곤 거잖아요. 그래서 어쩌다 보니 육식을 시작했지만, 인류에게 아주 놀라운 일이 일어나게 돼요. 영양 만점 동물성 식사 덕분에 두뇌 크기가 쑥쑥 커진 거죠.

인류의 뇌 크기는 처음에 침팬지나 신생아의 뇌와 비슷한 크기였어요. 어른 주먹 한 개 반만 한 크기로 450시시 정도죠. 작은 생수병 하나가 500밀리리터니까 그보다도 좀 작아요. 하지만 육식을 시작한 200만 년 전에는 2배인 900시시가 됐어요. 지금 우리 뇌 크기가 1400시시 정도니까 꽤 크지요?

이 무렵 등장한 새로운 인류인 호모 에렉투스는 두뇌뿐만 아니라 몸집도 크고 키도 컸답니다. 제법 그럴싸한 석기인 아슐리

안 주먹도끼도 함께 발견됐죠. 여태까지 사람들이 오매불망 원했던 큰 머리, 큰 몸, 도구를 갖추고 사냥을 한 거예요. 인류가 드디어 우리가 흔히 상상하는 '원시인'의 모습이 된 거죠.

하지만 '와! 드디어 인간이 용맹스럽게 사냥에 나섰구나!'라고 생각한다면 너무 앞서 나간 거예요. 아무리 몸집이 커졌더라도 인간은 여전히 덩치가 작고, 그다지 빠르지도 않고, 후각·청각도 뛰어나지 않았어요.

그런 인간이 다른 맹수들과 경쟁해 움직이는 동물을 잡아먹기란 절대 쉬운 일이 아니에요. 드넓은 초원에서 손에 돌로 만든 주먹도끼를 쥐어 봤자, 무시무시한 사자나 재빠른 영양 앞에선 가소로울 뿐이거든요.

그래서 전혀 내세울 게 없는 인간은 틈새시장을 노렸어요. 다른 맹수들이 돌아다니지 않는 시간에 사냥을 한 거예요.

호모 에렉투스

최초의 인류인 오스트랄로피테쿠스 뒤에 등장한 인류로, 약 200만 년 전부터 나타난 것으로 여겨지는 인류의 조상이에요. 호모 에렉투스는 두 발로 똑바로 걷는 '곧선사람'이라는 뜻이에요.

인간이 털 없는 피부와 바꾼 것

맹수들은 해가 어스름할 때, 새벽이나 밤에 사냥을 해요. 낮에는 너무 덥거든요. 전력질주를 해야 하는 데 더워서 오래 뛸 수 없어요. 맹수뿐 아니라 모든 포유류들이 더울 때는 활동을 많이 하지 못해요. 더우면 체온이 올라가서 그래요.

여름에 강아지가 혀를 내밀고 헉헉대면 참 안쓰러워요. 그러면 털을 짧게 밀어 주죠? 포유류에게 털은 진짜 소중해요. 거친 환경에서 몸을 보호해 주고 추울 때는 따뜻하게 해 주니까요. 포유류는 털 덕분에 아주 더운 곳에서 아주 추운 곳까지 다양한 환경에서 살아갈 수 있어요.

하지만 포유류는 털 때문에 더 덥기도 해요. 아프리카에서 한낮 땡볕에 털이 북슬북슬해서 자동차와 비슷한 속도인 시속 65킬로미터로 도망가는 영양을 쫓아가기란 불가능하죠.

체온이 올라가면 열을 발산해야 하는 데, 개나 고양이나 사자나 방법은 하나예요. 입을 벌려서 헉헉대며 열을 내보내는 거예요. 그런데 인간에겐 높아진 체온을 발산할 수 있는 기막힌 방법이 있어요. 바로 '땀'이에요.

인간은 피부에 있는 땀구멍으로 땀을 내보내고, 그 땀이 증발을 하면서 에너지를 가지고 가기 때문에 체온을 떨어뜨릴 수 있어요. 인간은 털이 없는 대신 땀이 나는 거예요.

인간은 땀을 이용해서 체온을 조절할 수 있어요. 땀 덕분에 인간은 맹수가 돌아다닐 수 없는 시간에 돌아다닐 수 있게 됐어요. 한낮에 다른 동물들이 더워서 뻗어 있을 때 땀을 뻘뻘 흘리면서 사냥하기 시작한 거죠.

털 대신 땀을 흘리게 된 인간의 조상은 귀중한 낮 시간을 얻어낼 수 있었어요. 그렇지만 그 대신 땀으로 잃게 된 수분을 보충하기 위해서 물을 마셔야 했어요. 땀을 많이 흘리면 물을 그만큼 많이 마셔야 하죠. 하지만 기후가 점점 건조해지던 아프리카에서 물을 구하기는 힘들었겠죠?

계속 환경이 바뀌니까 어디에 물이 있는지 자세히 기억해야 했을 거예요. 물이 흔하지 않은 아프리카의 사바나 지역에서 물을 언제 어디서 구할 수 있는지 정보를 구해야 했어요. 그리고 물가에 갈 때마다 목숨을 걸어야 했답니다. 물가에는 맹수들이 기다리고 있거든요. 물가에 맹수가 있으니 조심해야 한다는 정보를 나누는 것도 꼭 필요했을 테고요. 정보를 기억하고 전달하다 보니 인류의 두뇌는 더욱 커지고 발달했어요.

> **발산⁇**
> 발산이란 냄새, 빛, 열 따위가 사방으로 퍼져 나가는 걸 말해요. 인간은 땀이 증발할 때 발생하는 기화열을 이용해 몸의 열을 발산해요. 기화열이란 액체가 기체로 변할 때 주위의 에너지를 흡수하는 현상을 말해요. 땀이 증발하면서 몸의 열을 가져가기 때문에 체온이 올라가는 걸 막아 주죠.

긴 다리 사냥꾼을 조심하세요!

호모 에렉투스는 본격적으로 사냥을 하게 되면서 머리도 더 커져요. 특히 몸이 인상적이에요. 1984년에 '나리오코토미 소년'이라고 이름 붙인 화석이 발견되었어요. 이 화석은 성장판이 닫히질 않았기 때문에 '소년'이라는 것을 알았어요. 만약 이 아이가 죽지 않고 어른이 되었더라면 키가 180센티미터 정도 되었을 거예요. 그전까지의 인류는 유치원생 크기를 넘지 않았는데 말이에요.

유인원과 같은 엄지발가락을 갖고 나무를 탔던 초기 인류인 아르디피테쿠스 라미두스 화석은 다리가 짧고 몸통이 길었어요. 이와 비교해 호모 에렉투스의 키가 180센티미터까지 늘어난 건 대부분 긴 다리에서 왔어요.

긴 다리가 왜 중요할까요? 멋져 보이긴 하죠. 이제 여러분도 잘 알다시피 두 발 걷기는 에너지 효율성이 굉장히 높은 움직임이에요. 한 발 한 발 움직이는 데 별로 큰 에너지를 쓰지 않으니까요. 여기에 다리가 길면 걸음 너비가 커져요. 그럼 똑같은 에너지를 쓰고 더 많이, 더 멀리 돌아다닐 수 있어요. 긴 다리는 사냥 영역을 늘리는 데 큰 도움이 되었을 거예요.

다리까지 길었으니 정말로 용맹한 사냥꾼 느낌이 났겠죠? 하지만 기대하기는 아직 일러요. 유적지에서 나온 사냥 도구를 보면 동물을 잡는 도구가 아니라 고기를 저미는 데 사용했던 도구거든요. 석기로 동물을 죽인

게 아니라면 어떻게 사냥했을까요? 이 질문에 대한 가장 믿을 만한 가설은 '죽도록 쫓아다니는' 사냥법이에요.

인간은 사냥감이 죽을 때까지 쫓아다녔어요. 왜냐면 우리 인류는 에너지 효율이 높은 직립보행을 하는 데다가 오래 견디는 지구력까지 좋거든요.

동물들은 주로 허벅지 근육을 쓰는 데다가 온몸이 털로 뒤덮여 있어서 더워지기 때문에 빨리는 도망가도 오래는 도망가지 못해요. 그래서 세월아 네월아 하면서 끈질기게 며칠이고 열심히 쫓아다니는 거예요. 그 동물이 지쳐서 죽으면 그때서야 고기를 얻는 셈이죠.

검은 피부는 천연 자외선 차단제

인류의 진화 역사를 보면 문제 하나를 풀면 곧바로 새로운 문제가 등장하곤 한답니다. 인류가 털로 덮였던 몸에 털을 없애고 땀을 흘리는 방법으로 대낮에 활동을 하게 되자 새로운 문제가 생겼어요. 바로 자외선이에요. 털이 사라지자 피부가 자외선에 그대로 노출됐던 거예요.

여러분도 선크림 열심히 바르죠? 자외선은 피부암이나 유전자의 돌연변이를 일으키기도 해요.

털이 사라진 인류는 멜라닌 색소를 만들

자외선
태양빛 중에 보라색 바깥쪽의 눈에 보이지 않는 빛을 말해요. 박테리아나 바이러스를 죽이는 살균 작용을 하기도 하지만 자외선에 많이 노출되면 피부암이나 백내장에 걸리는 등 몸에 해를 입어요.

어 내는 세포를 활발히 움직여 피부를 검게 만들었어요. 검은 피부는 자외선을 막아 주어요. 인류의 조상은 천연 자외선 차단제인 검은 피부를 가졌던 거예요.

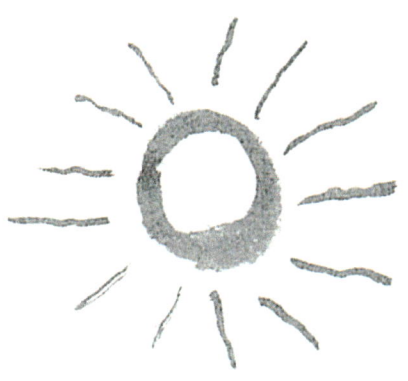

털과 땀을 맞바꾸고, 털이 사라진 자리를 검은 피부가 대신하다니, 참 신기하죠? 우리는 어떤 일이 일어나면 '왜 그렇게 되었을까?' 하고 이유를 찾아요. '왜 직립보행을 했을까?' '왜 육식을 하게 되었을까?' '왜 털이 빠졌을까?' '왜 검은 피부가 되었을까?' 이런 질문을 던지고 답을 찾는 과정이 바로 고인류학이에요.

돌연변이

DNA는 세포가 새로 만들어질 때마다 복제되요. 수없이 복제가 이루어지다 보면 어쩌다 실수가 생겨요. 생명체는 이 실수를 예방하고 고치는 놀라운 능력을 갖고 있지만 그래도 완전히 막을 수는 없어요. 이렇게 어쩌다 생기는 엉뚱하고 새로운 유전 정보를 돌연변이라고 해요.

하지만 조심해야 해요. '틈새시장 공략하려면 낮에 사냥해야 되니까 털을 빼고 땀을 내야지.' '자외선은 위험하니까 멜라닌을 많이 만들어서 검은 피부를 장착해야지.' 이렇게 생각하고 진화를 했다고 생각하면 안 돼요. 어떤 목적이 있어서 털이 빠지고 멜라닌이 만들어진 게 아니거든요.

물론 인간은 두 발 걷기 덕분에 도구와 언어를 갖게 됐고, 육식 덕분에 뇌와 몸집이 커졌고, 털이 빠지고 검은 피부가 자외선을 막아 사냥을 할 수 있게 됐어요. 하지만 그건 결과일 뿐이에요. 어떤 특별한 이유가 있어서 그렇게 된 게 아니에요. 사냥을 해야 하는 데 털 없는 맨몸이 되는 돌연변이가 우연히 등장했고, 그게 살아남는 데 더 유리해서 맨몸 유전자가 많이 퍼뜨려졌을 뿐이에요.

시간을 견딘 인간만이 손에 넣는 것

진화는 뛰어나고 멋진 존재가 되겠다는 목표를 세우고 그걸 이루는 과정이 아니에요. 그저 오랜 시간이 흐르는 동안 그때그때 치열한 적응을 거친 순간이 쌓여 지금의 모습이 된 거예요. 게다가 그 과정이 그렇게 즐겁고 흥미진진한 것도 아니에요.

이런 말은 인간이 특별한 존재이길 바라는 사람에겐 약간 실망스러운 이야기일지도 몰라요. 우리는 살아가면서 욕심껏 목표를 정하고 계획을 세우지만 잘 되지 않을 때가 훨씬 더 많죠. 노력했지만 결과가 나쁘거나, 지루한 시간을 보내야 하는 일도 많아요. 더구나 여러분은 어리다는 이유로 내 맘과 상관없이 방해받고 휘둘리는 일도 많았을 거예요.

저도 마찬가지랍니다. 그럴 때마다 저는 인류가 걸어온 길을 들여다보며 위안과 힘을 얻어요. '아름답고 멋진 모습은 계획한다고 다 얻어지는 게 아니구나. 실망하지 말자!' 하고요. 우리도 다양한 모습으로 다가오는 하루하루를 열심히 살다 보면, 언젠가 문득 아름답고 멋진 모습의 내가 되어 있지 않을까요?

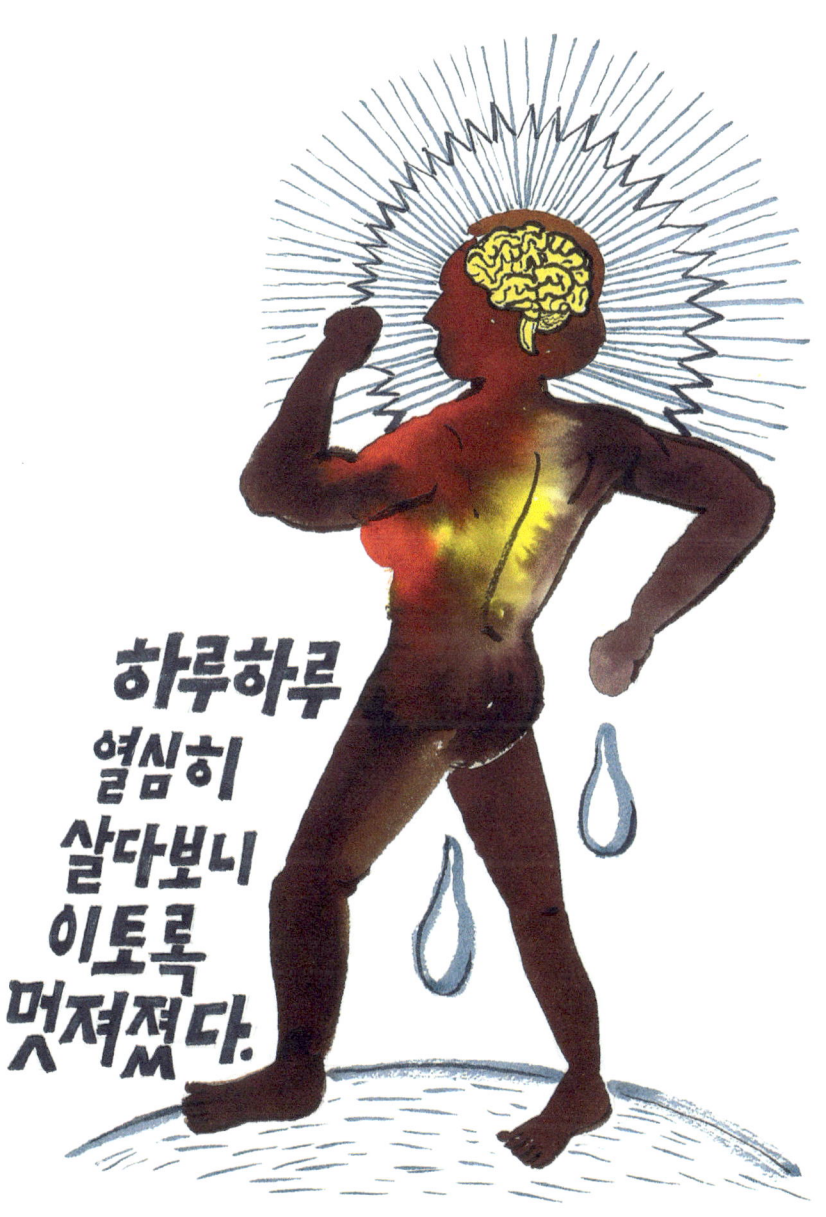

음식과 도구에 진화의 비밀이 숨어 있다고요?

처음에는 채식주의자였죠

인류가 처음 등장했을 때는 과일, 이파리, 작은 씨앗이나 연한 뿌리가 식사 메뉴였을 거예요. 거칠고 질긴 음식을 먹느라 치아는 지금의 우리보다 크고 넓적했겠죠? 날것으로 먹은 걸 소화시키기 위해 소장과 대장도 길었을 거예요. 그래서 배도 지금의 우리보다 좀 불룩했을 테고요. 생물은 무얼 먹느냐에 따라 몸이 달라진답니다. 동물성 음식을 먹게 되면서부터 몸집도 커지고 몸매도 지금 우리와 비슷해졌어요.

이 주먹도끼로 말할 것 같으면, 인류 최초의 발명품이라니까요!

이 돌들은 올도완 석기예요. 뼈를 깨서 골수를 빼 먹는 데 쓴 도구죠. 처음에 망치 역할을 하는 돌로 다른 돌을 내리쳐서 만들었어요. 돌을 떼어 내 만들었다고 뗀석기라 불러요. 딱딱한 돌을 잘 다루는 일은 쉽지 않아요. 그냥 깨진 돌멩이처럼 우습게 보일지 몰라도 목적을 갖고 만든 멋진 발명품들이랍니다.

올도완 석기는 아프리카 탄자니아의 올두바이 협곡에서 발견됐어요. 사진을 보니 마음이 탁 트이는 것 같죠? 올두바이 협곡은 고인류학을 공부할 때 아주 중요한 곳이에요. 인류의 기원을 밝혀낼 수 있는 유물과 고인류 화석이 정말 많이 발견되었거든요.

고기를 먹는 것도 능력이랍니다

인류는 울며 겨자 먹기로 시체 찌꺼기를 먹기 시작했지만, 그렇게 시작한 육식 덕분에 두뇌도 커지고 몸집이 커져서 동물을 사냥해 고기를 먹게 되었죠. 이 돌들은 사냥을 할 때 쓰고 사냥한 고기를 자르고 다듬는 데도 쓴 아슐리안 주먹도끼예요. 본격적인 육식을 하면서 동물성 지방과 단백질을 소화시킬 수 있는 유전자도 우리 몸에 등장해요. 여기에 불을 사용해 음식을 익혀 먹게 되면서 인류 역사에 획기적인 변화가 일어나게 된답니다. 익힌 고기는 소화도 잘 되고 맛도 훨씬 좋았겠죠?

7

우리 호모 사피엔스와 친척 인류들

아프리카 탈출

오스트랄로피테쿠스와 같은 초기 인류의 화석은 아프리카에서만 발견됐어요. 오스트랄로피테쿠스 이후에 새로 등장한 인류를 '호모'라고 부릅니다. '호모' 사피엔스처럼요. 호모 사피엔스 전에 등장한 호모 에렉투스 화석은 유럽과 아시아에서도 많이 발견됐죠. 베이징인, 자바인이 대표적이에요. 인류 화석이 아시아와 아프리카에서도 발견되자 사람들은 이렇게 생각했어요.

'최초의 인류는 아프리카에서 탄생했다.'

'아프리카에서 진화를 거치며 고기를 먹고 머리와 몸집이 커진 호모속이 등장했다.'

'큰 몸과 큰 머리, 사냥 도구를 갖춘 호모속은 기후가 변하고 사냥감이 줄어들자 더 많은 사냥감을 좇아 아프리카 바깥으로 진출했다.'

그런데 이런 가설에 물음표가 생겨났어요. 유럽 동쪽에 있는 작은 나라

조지아의 드마니시에서 화석이 발견되었는데, 작고 볼품없는 인류였거든요. 다리가 길기는커녕 키도 작고, 두뇌도 작았어요.

그동안 사람들은 인류가 사냥꾼다운 모습을 갖추고 난 뒤에야 아프리카 밖으로 나갔을 거라고 추측했어요. 왜냐면 아무래도 두뇌가 작고 몸집이 작으면 능력이 부족해서 아프리카 밖으로 나가기 힘들 테니까요. 두뇌도 작고 몸집도 작은 인류가 어떻게 아프리카를 떠나서 드마니시까지 갈 수 있었을까요?

호모속
'속'은 생명을 분류하는 기준인 '종-속-과-목-강-문-계'의 한 단위예요. 사람은 동물계-척추동물문-포유류강-영장류목-사람과-호모속-호모 사피엔스종으로 분류돼요.

루저 화석의 발견?

학자들은 드마니시 화석을 두고 두 가지 해석을 내놨어요. 하나는 우리 인간이 큰 몸, 큰 머리, 사냥 도구를 가지고 전 세계를 누볐다는 사냥 가설이 틀렸다는 거예요. 또 다른 하나는 드마니시에서 발견된 화석이 '루저'였다는 거예요. 루저는 실패한 사람, 패배자잖아요? 그냥 별다른 빛을 발하지

못하고 다 죽어 버렸다는 거죠. 아직 어떤 이야기가 맞는지 몰라요.

제가 여기서 꼭 이야기하고 싶은 건 이거예요.

"놀랍도록 다양했구나!"

조그만 머리부터 큰 머리까지, 작은 몸집에서 큰 몸집까지, 정말 다양한 인류가 존재했어요. 큰 키에 멋진 몸매를 가진 호모 에렉투스 화석도 발견되지만, 호빗이라는 별명으로 불리며 키가 1미터도 넘지 않는 플로레스인 화석도 발견되고 있어요. 난쟁이 화석에서 키다리 화석까지, 호모속은 다양한 지역에서 다양한 모습으로 살았던 거예요.

플로레스인

2003년 인도네시아 플로레스 섬에서 발견된 몸집이 아주 작은 화석이에요. 처음에는 성장이 불충분하게 이뤄지는 병에 걸린 화석이라고 생각했지만, 원래 몸집이 작은 새로운 인류였다는 사실이 밝혀지고 있어요.

현대 인류 호모 사피엔스가 등장하다

자, 이제 드디어 우리 자신인 호모 사피엔스를 만나 볼까요? 그동안 사람들은 호모 사피엔스가 아프리카에서 등장해 전 세계로 퍼져 나갔다고 생각했어요. 그런데 호모 사피엔스가 등장했던 10만 년 전에는 사피엔스 말고도 다른 인류가 여럿 살고 있었어요.

그렇다면 호모 사피엔스는 이미 여러 곳에 살고 있던 사람들과 어떤 관계였을까요? 호모 사피엔스는 이들과 상관없는 새로운 인류일까요? 아니면 이미 지구 여러 곳에 살던 다양한 인류가 서로 만나고 헤어지는 과정 속에 자연스럽게 등장한 하나의 집단이었을까요?

　사람들은 호모 사피엔스가 다른 인류와 피를 섞었는지 섞지 않았는지를 무척 궁금해해요. 그리고 호모 사피엔스가 다른 원시인과 피를 섞지 않았기를 강력히 바라죠. 왜 그럴까요?

　피를 섞는다는 건 짝짓기를 해서 자손을 낳는다는 말이에요. 당나귀와 말은 서로 짝짓기를 하지만 그 사이에서 태어난 노새는 새끼를 낳을 수 없어요. 그래서 당나귀와 말은 서로 친척이지만 말 자손들에겐 당나귀 피가 섞이지 않죠.

여러분이 말이라면 어떤 생각이 들까요?

"와! 내 몸속에 당나귀 피가 흐르지 않다니 정말 다행이다. 나처럼 우아한 동물이 어떻게 저런 촐싹 맞은 당나귀와 같은 종류의 동물이겠어?"

사람들도 마찬가지로 이렇게 생각했어요.

"뛰어나고 멋진 우리 사피엔스가 저런 멍청하고 아둔한 원시인과 짝짓기를 했을 리가 없지. 당연히 우리 피 속에는 절대 원시인 피가 흐르지 않을 거야."

어떻게 너와 내가 같을 수 있겠니?

이때 사람들이 꺼려한 원시인은 네안데르탈인이에요. 네안데르탈인은 빙하기 때 유럽에서 살던 인류죠. 사실 현대 인류의 기원에 관한 이야기는 대부분 네안데르탈인과 유럽인과의 관계에 대한 이야기예요.

빙하기
지구 기온이 낮아져서 빙하와 만년설이 대륙의 절반 가량을 덮어 여름도 서늘했던 시기예요. 지구의 기후는 수백만 년 동안 추운 빙하기와 따뜻한 간빙기를 반복하며 변해 왔어요.

서양 사람들은 네안데르탈인을 깔보고 무시했어요. 네안데르탈인을 야만스럽고 멍청하다고 생각했거든요. 이들은 원주민을 바라보듯 네안데르탈인을 바라봤어요. '네안데르탈인은 미개하니까 세련된 사냥 기술과 멋진

문화를 가진 호모 사피엔스에게 멸종당하는 게 당연해.' 이런 생각은 어쩌면 '원주민은 미개하니까 더 발달한 산업과 우수한 문화를 가진 나라가 식민지로 만들어야 해.'라는 생각과 비슷할지도 몰라요.

1987년, 유전자를 연구하던 과학자들은 네안데르탈인과 현생 인류는 피가 섞이지 않았다고 발표했어요. 세포 안에 있는 우리 몸의 에너지 공장인 미토콘드리아의 DNA를 분석해 봤더니 그런 결과가 나왔거든요.

미토콘드리아
세포 속에 있는 작은 기관으로 산소와 영양소를 이용해 에너지를 만들어요. 어머니를 통해서만 전해지는 DNA를 갖고 있어요.

그리고 1997년이 되자 화석에서 곧바로 DNA를 추출하는 기술이 등장했어요. 기술의 발전이 정말 대단하죠? 분석 결과는 똑같았어요. 현생 인류는 아무도 네안데르탈인의 DNA를 갖고 있지 않았어요.

그래서 네안데르탈인과 호모 사피엔스는 서로 피가 섞이지 않았다는 결론이 나왔어요. 학자들은 아프리카에서 등장한 호모 사피엔스가 전 세계로 퍼지면서 다른 인류들을 싹 쓸어버렸다는 아프리카 단일 기원론을 주장했어요.

현대 인류는 아프리카에서 홀로 기원했을까?

물론 다른 생각을 하는 학자들도 있었어요. 현재 지구에서 살아가는 현대 인류를 보면 지역에 따라 생김새가 무척이나 다양합니다. 여러분도 특이하게 생긴 다른 나라 사람들을 보면서 '와! 진짜 다르게 생겼다. 정말 다양하게 생긴 사람들이 살고 있구나.' 하는 생각을 한 번쯤 해봤을 거예요.

호모 사피엔스가 한순간에 하나의 지역에서 탄생했다는 아프리카 단일 기원론은 현대 인류가 가진 다양한 생김새를 설명하는 데 어려움이 있어요. 그러나 만약 인류가 피를 섞어 가며 동시에 여러 곳에서 진화해 왔다고 가정한다면 우리가 가진 다양성을 잘 설명할 수 있죠.

이런 생각을 '다지역 연계론'이라고 불러요. 인류가 다양한 지역에 살면서 오랫동안 서로 계속 유전자 교류를 해 왔다고 보는 거예요. 하지만 이런 주장을 하면 "너 무슨 소리를 하는 거냐? DNA를 직접 추출해서 비교해 봤더니 아니었잖아! 이보다 더 확실한 증거가 어디 있겠어?"라는 소리만 들었죠.

그런데 2010년, 네안데르탈인의 게놈이 추출되었어요. 게놈은 한 생물이 가진 모든 유전 정보를 말해요. 그러니까 인간이 가진 DNA와 네안데르탈인이 가진 DNA를 모두 다 뽑아 비교한 거죠. 결과는 충격적이었어요. 네안데르탈인의 DNA와 현생 인류의 DNA를 비교해 봤더니 4퍼센트가 일치했던 거예요.

게놈

게놈은 한 생명체가 가진 유전 정보 전체를 말해요. 생명체가 가진 모든 유전 정보를 해독해서 초파리 게놈 지도, 강아지 게놈 지도, 인간 게놈 지도를 만들고 서로 비교할 수 있어요.

내가 틀렸어!

처음에 미토콘드리아 DNA를 분석했을 때도 서로 일치하는 부분이 없었고, 핵 DNA를 일부분 분석했을 때도 서로 일치하는 부분이 없었어요. 하지만 게놈을 분석해 봤더니 서로 4퍼센트 일치했어요. 4퍼센트

우리 몸속 세포의 중심에 있는 작은 기관으로 DNA가 뭉쳐진 염색체가 들어 있어요. 세포에서 핵을 제거해 버리면 정상적인 생명 활동을 못 해요.

면 적은 양이 아니에요. 결국 네안데르탈인과 현생 인류는 피를 섞은 거죠.

과학은 객관적인 자료에 근거해요. 하지만 어떤 가설을 세우느냐에 따라 이를 증명하는 방법도 달라지고 결과도 달라져요. 똑같은 사실이라도 이론에 따라 다르게 설명하기도 하고, 새롭게 발견된 사실 하나가 그동안 맞다고 생각했던 이론을 한순간에 무너뜨리기도 해요. 과학을 한다는 뜻은 내가 맞다고 생각했던 이론이 언제든지 틀릴 수도 있다고 생각하는 거예요.

아프리카 단일 기원론을 주장하던 학자들 중에는 아직도 이 결과를 외면하는 사람도 있어요. 하지만 아프리카 단일 기원론을 강력히 지지했고, 숱한 어려움을 딛고 화석에서 DNA를 추출하는 연구를 이끌었던 스반테 패보 박사는 달랐어요. "내가 틀렸어!"라고 쿨하게 아주 거리낌 없이 공개적으로 인정했어요. 패보 박사는 키가 190센티미터가 넘는데, 정말 '큰' 사람이죠?

뼈가 들려준 이야기

유전학이 아무리 발달해도 DNA만으로는 모든 것을 알 수 없어요. 실제로 환경에 적응해서 살았던 건 우리의 '몸'이지 DNA가 아니거든요. 돌이 된 뼈인 화석은 먼 옛날 인류의 몸을 그대로 보여 줘요. 그래서 몸의 변화를 고스란히 간직하고 있는 화석이 정말 중요해요.

원래 화석은 있으면 안 되는 거예요. 생물은 죽으면 다 분해되어 자연으로 돌아가야 하니까요. 그런데 그 뼈가 썩지 않고 돌이 되었으니 그런 일이 얼마나 드물게 일어나겠어요? 게다가 이 넓은 지구에서 그 드문 화석을 발견할 확률은 또 얼마나 희박하겠어요? 고인류학은 그렇게 어렵게 모습을 드러낸 뼈가 우리에게 들려주는 이야기랍니다.

인류의 화석은 이렇게 드문데도 다양한 모습을 보여 주고 다채로운 이야기를 들려줘요. 그러니 실제로 살았던 모든 인류의 조상이 가진 다양성과 다채로움은 얼마나 어마어마했겠어요?

인류는 아직도 진화하고 있나요?

여러분 생각은 어떤가요?

어떤 사람들은 인간이 더 이상 진화하지 않는다고 생각해요. 왜냐면 과학과 기술이 발전했기 때문에 더 이상 몸이 변해서 환경에 적응할 필요가 없다는 거죠. 춥다고 피부 밑에 두꺼운 지방층을 발달시키는 대신 따뜻하고 두툼한 거위털 점퍼를 입으면 되니까요. 정말 문명이 시작되면서 인류의 진화가 끝났을까요?

그럼 문명은 언제 시작되었나요?

인간이 도구를 사용하기 시작한 건 200만 년 전이지만, 인간 문명이 본격적으로 발달한 것은 약 1만 년 전이에요. 농사를 짓고 가축을 기르기 시작하면서 생산력이 높아지자 사람들은 남는 식량과 물건을 교환하기 시작했어요. 부족들이 서로 싸우고 합치면서 지배층도 생겨나고, 사람들이 많이 모여들면서 도시도 생겨났죠. 글자도 생겨나고 예술도 발달했어요.

놀랍게도 문명이 발달하면서 진화 속도도 빨라졌어요!

예전에는 문명과 문화가 발달하면서 인류가 진화하지 않거나 진화 속도가 느려진다고 생각했어요. 하지만 최근 들어 인간의 유전자 지도인 게놈이 모두 밝혀지고, 수많은 사람들의 유전 정보를 분석할 수 있게 되자 새로운 사실이 밝혀졌어요. 바로 인류의 진화가 점점 빨라지고 있다는 사실이에요. 인구도 폭발적으로 증가하고, 서로 간에 교류도 엄청나게 늘어나 유전자 다양성이 높아졌기 때문이지요. 덕분에 인류는 한층 더 복잡하고 다채로워졌어요.

미래의 인류는 어떤 모습일까요?

인류가 계속 진화한다면 수십만 년 뒤, 수백만 년 뒤 미래 인류는 어떤 모습일까요? 알약 하나로 식사를 대신하게 되어 턱이 사라지고 소화 기관도 짧아질까요? 인공지능과 로봇 기술의 발달로 아예 기계인간으로 변해 버렸을까요? 환경 오염을 극복하지 못하고 지구를 떠나 우주에서 외계인처럼 살고 있을까요? 우리가 아는 건 미래의 인류가 멋지려면 옛날 인류가 그랬듯 지금 우리가 열심히 살아야 한다는 사실뿐이네요!

8 선택과 우연의 갈림길에서

진화의 비밀이 조금 풀렸나요?

여러분은 '인류의 기원', '인류의 진화'란 말을 들었을 때 어떤 생각을 했나요?

'인간은 원숭이가 진화한 거라고 어디서 들었어. 근데 왜 지금은 인간으로 진화하고 있는 원숭이들이 없지? 끊임없이 인간으로 진화하는 원숭이들이 있어야 하는 거 아냐? 뭐야, 인류의 진화 이거 다 거짓말 아니야?'

지금까지 제 이야기를 듣고도 아직 궁금증이 다 풀리지 않은 친구도 많을 거예요. 우리가 자꾸 헷갈리는 이유는 간단해요. 일상생활에서 '진화했다'란 말을 더 나아지고 더 좋아졌다는 뜻으로 쓰기 때문이에요. 그래서 생물의 진화도 하등동물에서 고등동물로 변하는 과정이라고 생각하게 되어요. 포켓몬을 봐도 피츄가 피카츄로, 피카츄가 다시 라이츄로 진화하면서 파워도 점점 세지고 레벨도 점점 올라가잖아요.

생물의 진화는 그렇지 않아요. 진화는 A가 B로, B가 다시 C로, 이렇게

순서대로 계단을 오르듯 착착 일어나지 않아요. 또 열등한 동물이 우수한 동물로 짠! 하고 바뀌는 일도 없어요.

하등동물은 고등동물이 되기 위해 진화하지 않아요. 하등이니 고등이니 하는 말도 인간이 붙인 딱지일 뿐이에요. 하등동물이라고 불리는 기생충도 아주 오랫동안 열심히 진화를 해서 지금의 모습을 하고 있는 거예요. 상어도 아주 원시적인 생물이라고 이야기하지만 나름대로 굉장히 오랜 시간 버젓이 진화해 왔죠.

진화란 더 멋지고 더 복잡해지고 더 고급스러워지는 게 아니에요. 그냥 끊임없이 변화하고 적응하는 과정일 뿐이랍니다. 파리보다 우리 인간이 더 진화한 존재가 아니라 파리는 파리대로 인간은 인간대로 열심히 진화해서 지금 모습으로 살고 있는 거예요.

원숭이도 마찬가지예요. 아주 먼 옛날에는 원숭이와 인간의 조상이 같았지만, 서로 다른 가지로 갈라져 나왔지요. 그리고 그 뒤로 긴 시간 동안 따로 진화해 지금 모습으로 열심히 살고 있어요. 원숭이가 뭐가 아쉬워서 인간이 되려고 하겠어요?

하지만 우리 인간은 언제나 자기가 이 지구에서 최고라고 생각해요. 수십억 년이나 걸린 진화의 역사도 마지막에 인간을 탄생시키기 위한 한 편의 드라마로 착각하죠. 그래서 인간은 이 세상 모든 생물을 일직선 위에 올려 놓고 등수를 매겨요. 가장 꼭대기에 인간을 놓은 다음 인간과 비슷한 순서로 줄을 세우죠.

지구의 생물들은 모두 오랫동안 진화를 거쳐 지금 각자의 모습으로 살아가고 있답니다. 그러니 지구의 시간을 거꾸로 되돌린다면 모를까, 원숭이가 인간이 되는 일은 없겠죠? 더구나 시간을 되돌려 처음부터 다시 진화를 시작한다 해도 생물들이 지금의 모습이 될 거라고 장담할 수도 없답니다.

물줄기가 흐르듯 헤어지고 만나는 인류

사람들은 여태까지 인류가 오스트랄로피테쿠스에서 호모 하빌리스로, 그 다음 호모 에렉투스로, 네안데르탈인으로, 그리고 마지막 호모 사피엔스로 착착 단계적으로 진

호모 하빌리스
200~300만 년 전에 등장한 인류의 조상으로 하빌리스는 손 쓰는 사람, 도구를 사용하는 인간이라는 뜻이에요.

화했다고 생각했어요. 그리고 아직도 각 단계마다 딱 정해진 특징이 있어서 다른 단계와 뚜렷하게 구별된다고 생각했어요. 지금도 그렇게 생각하는 사람들이 많아요. 하지만 이제 여러분은 그렇지 않다는 걸 알게 되었을 거예요.

원숭이가 사람으로 짠! 하고 변하지 않듯 진화가 일직선으로 일어나지 않는다는 걸 알았을 때, 사람들은 직선 대신 사방으로 가지를 뻗어 나간 나무를 그렸어요. 하나의 줄기에서 갈라지고 또 갈라져 나와 원숭이도 되고 침팬지도 되고 사람도 되었다는 걸 나타냈죠.

그런데 저는 조금 더 다른 이야기를 들려주고 싶어요. 인류는 나뭇가지 갈라지듯이 그렇게 깔끔하게 갈라지지 않았거든요. 그보다는 모였다 헤어졌다, 또 모였다 헤어졌다를 반복하는 강물과 같아요. 나뉘어 흐르다 다시 만나다 그러면서 오랜 시간 동안 흘러왔어요. 그렇게 수백만 년을 지나 지금에 이르렀답니다.

정답은 없다. 선택과 모험이 있을 뿐!

오스트랄로피테쿠스니 호모 에렉투스니 하는, 이름도 복잡한 우리 인류의 멀고 가까운 친척들에 관한 이야기는 여기서 끝이랍니다. 어때요, 재미있었나요? 저는 여러분과 새로운 만남을 갖게 되어 즐거웠어요.

대부분의 사람들은, 특히 어른들은 모든 일에 정답이 있다고 생각해요.

그래서 여러분에게도 정답을 찾으라고 재촉하죠. 하지만 오스트랄로피테쿠스가 '그래, 조금만 참자. 조금만 참으면 몸도 커지고 스마트폰도 만질 수 있으니까 조금만 더 참자.' 그러면서 앞만 보고 달려온 것은 아니에요.

우리 인류는 그때그때 최선의 선택, 그때그때 최선의 적응을 통해서 지금 여기까지 온 거예요. 여러분의 미래는 아직 아무것도 정해지지 않았어요. 여러분은 매일 맞닥뜨리는 우연의 갈림길에서 너무 길게 고민하지 않고 선택을 하면 좋겠어요. 모든 길은 걸을 때는 모험이고 지나보면 아름다우니까요.

책 속에 등장한 옛날 인류를 화석으로 만나 보아요

약 440만 년 전에 살았던 아르디피테쿠스 라미두스의 두개골을 컴퓨터로 복원한 거예요. 라미두스는 두 발로 걸었을 뿐 아니라 나무도 탔어요.

오스트랄로피테쿠스 아프리카누스 '타웅 아이'

약 250~300만 년 전에 살았던 오스트랄로피테쿠스 아프리카누스인 타웅 아이의 화석이에요. 남아프리카공화국 위트워터즈랜드 대학교의 진화연구소에 있어요.

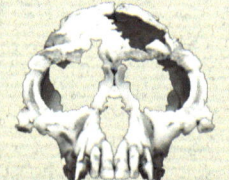

'플레스 부인'으로 불리는 아프리카누스의 두개골 화석이에요. 오스트랄로피테쿠스는 우리말로 '남쪽 유인원 사람'이라고 불러요.

아르디피테쿠스 라미두스

오스트랄로피테쿠스 아파렌시스 '루시'

아파렌시스의 발자국 화석이에요. 미국 스미스소니언 박물관에 있어요.

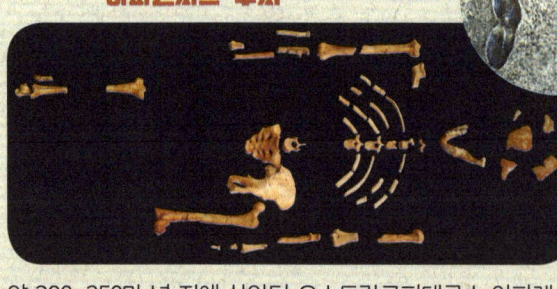

약 300~350만 년 전에 살았던 오스트랄로피테쿠스 아파렌시스인 루시의 화석이에요.

약 200만 년 전에 살았던 호모 에렉투스가 공격하는 들소를 피해 도망치는 모습을 상상해서 그린 그림이에요. 호모 에렉투스는 우리말로 '곧선사람' 이예요.

호모 에렉투스

드마니시

드마니시에서 발견된 화석으로 약 180만 년 전에 살았던 인류예요. 터키 북동쪽에 있는 나라인 조지아에서 발견되었어요. 조지아의 바투미 고고학 박물관에 있어요.

호모 하빌리스

약 200~300만 년 전에 살았던 호모 하빌리스의 두개골 화석이에요.

호모 하빌리스를 복원했어요. 독일 위렌도르프 박물관에 있어요. 호모 하빌리스는 우리말로 '손쓴사람'이라고 해요.

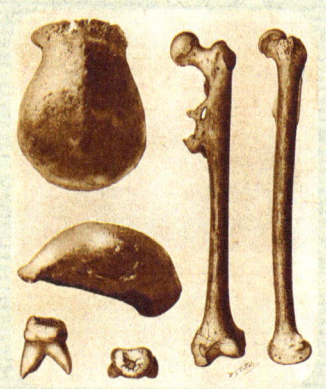

인도네시아 자바섬의 자바인의 화석을 그린 그림이에요. 자바인은 호모 에렉투스였어요.

자바인

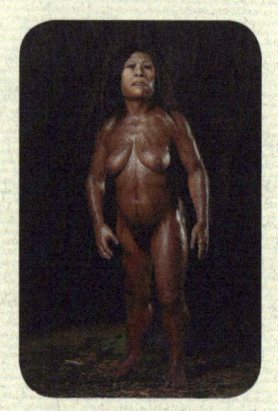

약 100만 년~2만 년 전까지 살았던 인도네시아의 플로레스인을 복원했어요. 전곡 선사 박물관에 있어요.

플로레스인

나리오코토미 소년

약 160만 년 전에 살았던 나리오코토미 소년의 화석을 복제한 거예요.

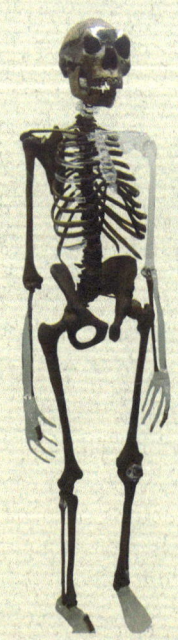

지금의 우리 모습인 호모 사피엔스 남자와 네안데르탈인 남자를 나란히 그린 그림이에요. 오른쪽이 호모 사피엔스로, 우리말로 '슬기사람'이라고 불러요.

호모 사피엔스 남자와 네안데르탈인 남자

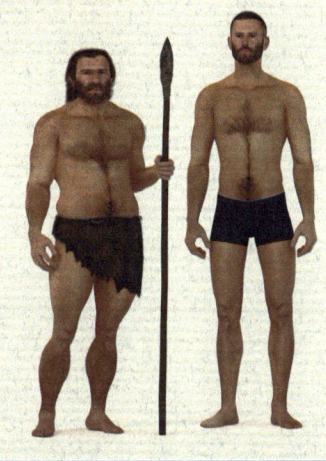

약 20만 년 전에 살았던 네안데르탈인을 복원했어요. 전곡 선사 박물관에 있어요.

네안데르탈인

베이징인

약 50만 년 전에 살았던 베이징인을 복원한 거예요. 전곡 선사 박물관에 있어요. 베이징인은 호모 에렉투스예요.

사진 저작권

4쪽	이상희
	ⓒ 이희중
20쪽	호모 플로레시엔시스가 발굴된 인도네시아 플로레스섬의 동굴
	ⓒ🅯🅭 Rosino
21쪽	이상희
	ⓒ 이희중
25쪽	프로콘술 화석
	ⓒ🅯🅭 Guérin Nicolas
44쪽	필트다운인 화석 그림
	ⓒ
49쪽	약 330만 년 전에 살았던 오스크랄로피테쿠스 아파렌시스 '루시'를 복원한 전시물
	ⓒ 전곡선사박물관
52쪽	오스트랄로피테쿠스 아파렌시스인 '루시'의 화석
	ⓒ🅯 120
53쪽	'루시'와 다양한 옛날 인류들이 복원된 모습 '인류 진화의 위대한 행진'
	ⓒ 전곡선사박물관
	탄자니아 래톨리 발자국 화석을 기념하기 위해 탄자니아에서 2014년 발행한 우표
	ⓒ Tanzania Posts Corporation
89쪽	1984년에 발견된 '나리오코토미 소년'의 복원 그림
	ⓒ
96쪽	호모 하빌리스가 뼈 깨는 데 사용했을 것으로 추정되는 올도완 석기
	ⓒ🅯🅭 Didier Descouens
97쪽	호모 에렉투스가 사냥한 고기를 다듬는 데 쓴 아슐리안 주먹도끼
	ⓒ🅯🅭 Didier Descouens
101쪽	조지아의 드마니시에서 발견된 화석
	ⓒ🅯🅭 Jonathan Cardy

122쪽	아르디피테쿠스 라미두스의 두개골을 복원한 그림
	ⓒⓘⓞ T. Michael Keesey
	1920년대 남아프리카에서 발견된 오스크랄로피테쿠스 아프리카누스의 두개골 화석 '타웅 아이'
	ⓒⓘⓞ Didier Descouens
	오스트랄로피테쿠스 아프리카누스의 두개골 화석 '플레스 부인'
	ⓒⓘⓞ José Braga; Didier Descouens
	오스트랄로피테쿠스 아파렌시스인 '루시'의 화석
	ⓒⓘ 120
123쪽	조지아의 드마니시에서 발견된 화석
	ⓒⓘⓞ Jonathan Cardy
	호모 하빌리스의 두개골 화석
	ⓒⓘ Conty
	호모 하빌리스를 복원한 전시물
	ⓒⓘⓞ Lillyundfreya
124쪽	1891년 인도네시아 자바섬에서 발견된 '자바인' 호모 에렉투스의 화석 그림
	ⓢ
	인도네시아의 플로레스인을 복원한 전시물
	ⓒ 전곡선사박물관
	약 160만 년 전에 살았던 '나리오코토미 소년'의 화석을 복제한 전시물
	ⓒⓘⓞ Rept0n1x
125쪽	약 20만 년 전에 살았던 네안데르탈인을 복원한 전시물
	ⓒ 전곡선사박물관
	약 50만 년 전에 살았던 베이징인을 복원한 전시물
	ⓒ 전곡선사박물관